누워서 떠먹는 ㅅ VOCA

e world has
thout passion.

이 세상의 모든 위대한 것들은
열정으로 이루어졌다.

누워서 떠먹는
중학영어 VOCA 1

누워서 떠먹는 중학영어 VOCA 1

초판 1쇄 발행 | 2018년 6월 18일

기획·구성 | 장진우
펴낸곳 | 함께북스
펴낸이 | 조완욱

등록번호 | 제1-1115호
주소 | 412-230 경기도 고양시 덕양구 행주내동 735-9
전화 | 031-979-6566~7
팩스 | 031-979-6568
이메일 | harmkke@hanmail.net

ISBN 978-89-7504-689-6 978-89-7504-688-9(세트) 54740

누워서 떠먹는
중학영어 VOCA 1

기획·구성 장진우

한께
BOOKS

이 책을 기획 구성한 장진우 선생님이 주위 선생님들께
누워서 떠먹는 중학영어 VOCA를 평가해달라고 부탁하였다.
결과, 각 선생님들의 추천사를 소개한다.

이 책은 철저히 '배우는 학생'의 입장에서 구성된 책이다.
나를 포함하여 영어 단어를 공부하다가 어려움을 겪어본 학
생들이라면 누구나 한 번쯤 꿈꾸어보았을 법한, 영어 공부에
최적화된 단 한 권의 책이다.

김재원, 서울대학교 경제학과

영어 단어를 떠올리면, 두렵고 막막한 생각이 먼저 드는
것이 사실이다. 하지만 이 책은 방대한 양의 영어 단어 중에
서 시험에 잘 나오지 않는 것들은 과감히 삭제하였다. 어렵
기만 한 단어가 아닌, 중학생이라면 반드시 알아야 할 필수
단어들만 선정하여 영어실력이 향상될 수 있도록 구성되어
있다. 영어 공부를 했던 사람이라면 누구나 원할만큼 굉장히
매력적인 책이다.

조민기, 연세대학교 경영학과

이 책은 영어 단어를 외우는 것이 지루하다는 편견을 완전히 무너뜨린다. 시험에 나오는 필수 어휘들로 구성되어 있을 뿐만 아니라, 어떻게 단어를 외워야 하는가에 대한 구체적인 방법론까지 제시하고 있다. 영어 단어의 기초를 튼튼히 해야 하는 중학생은 물론, 수능을 준비하는 수험생들에게도 큰 도움을 줄 수 있는 책이다.

신재영, 고려대학교 국제학부(DIS)

영어 공부를 하나의 집 짓기에 비유할 때, 어휘는 집을 짓기 위해서는 가장 기초를 이루는 벽돌과도 같습니다. 집을 완성하기 위해서 필요한 양의 벽돌이 부족하거나, 집의 구조와 맞지 않는 벽돌만 잔뜩 쌓여있다면 완벽하게 집을 완성할 수 없는 것과 같이 어휘량이 부족하거나 교과과정에서 벗어난 어휘들만 공부한다면 수준 높은 영어 실력을 갖는 것은 불가능한 일입니다.

이 책은 최근 중학교 교과과정을 모두 반영하여 중학생이 반드시 알아야 할 필수 어휘들로 구성되어있습니다. 이 책에는 이상적인 어휘의 실력 향상을 위해서 각 단어의 뜻이 비슷하여 헷갈리기 쉬운 유의어와 반대의 뜻을 지닌 반의어를 각 단어와 함께 기록하여 단어 하나를 외우면 유의어와 반의어가 저절로 숙지되는 효과가 있습니다. 또한 방대한 양의 어휘를 모두 외우는 것이 아니라, 성적 향상에 도움이 되는 단어들을 중요한 순서대로 외우는 것이 중요합니다. 학생들은 어제 공부한 단어가 오늘 배우는 교과서에 나옴으로써 자연스럽게 반복하는 효과를 누릴 뿐만 아니라, 내신 시험에서 성적이 향상되는 좋은 결과를 얻을 수 있을 것입니다.

발음기호 익히기

[f] ㅍ
윗니를 아랫입술 안쪽에 가볍게 된 다음 밀어서 공기를 내보내는 마찰음이다.
📖 fare(운임), grandfather(할아버지), telephone(전화)

[k] ㅋ
파열음 'k'는 입천장에 닿는 혀 부분이 목안 쪽으로 들어가 발음한다.
📖 keep(지키다), kind(친절한), car(차), sky(하늘), walk(걷다)

[p] ㅍ
위아래 입술을 단순히 떼었다 붙였다 해서 내는 양순음으로 윗니를 입술 속으로 넣지 말고 파열시키자.
📖 police(경찰), potato(감자), airport(공항), newspaper(신문)

[s] ㅅ
맞닿은 윗니와 아랫니 바로 안쪽 뒤에 혀끝을 대고 공기를 내보내는 마찰음이다.
📖 Sunday(일요일), instead(대신에), outside(바깥에)

[t] ㅌ/ㅊ
혀끝을 입천장에 살짝 되서 내는 소리. ts, tz가 되면 'ㅊ'로 발음된다.
📖 tell(말하다), grant(주다) / Pittsburgh(피츠버그), Yangtze(양츠)

[θ] ㅆ
치아 사이로 혀를 내밀어 마찰시켜 내는 소리이다.
📖 thousand(천), anything(어떤 것), birthday(생일), mouth(입)

[ŋ] ㅇ
비음 'ŋ'은 혀의 뒷부분을 들어 목젖 부분에 대고 공기의 흐름을 막은 다음 입술을 앞으로 내밀면서 내는 콧소리 발음이다.
📖 hunger(굶주림), monkey(원숭이), ring(반지)

[ʃ] 쉬
입술을 앞으로 내밀면서 내는 마찰음이다.
📖 push(밀다), wash(닦다)

[tʃ] 처/취
파찰음 'tʃ'는 입술을 앞으로 나오게 하면서 발음한다.
📖 church(교회), picture(그림)

누워서 떠먹는 중학영어 VOCA 투명 색지 사용 방법

005
[heit] 헤이트 　　　　　　통 미워하다, 싫어하다

　　　cleaning the room　방 청소를 싫어하다
I　　　spinach.
난 시금치가 싫다.
반의어 love 사랑하다, 좋아하다
유의어 dislike 싫어하다, 싫음

006 　　　　　　　　　명 10센트 동전
[daim] 다임

spend a dime on bread　빵 값으로 10센트를 쓰다
Tim dropped a d　　.
팀이 10센트 짜리 동전을 떨어뜨렸다.

누워서 떠먹는 중학영어 VOCA를 효과적으로 공부하기 위해서는

① **누워서 떠먹는 중학영어 VOCA**에서 제공하는 투명 색지를 활용해서 뜻을 가린 뒤에 영어 단어를 소리 내어 읽으며 모르는 단어를 체크합니다.

② **누워서 떠먹는 중학영어 VOCA** 20개의 단어를 학습한 후에는 완전한 단어 숙지를 했는지 테스트하는 과정으로 구성하였습니다. 스스로의 실력으로 빈칸을 작성합시다.

③ **누워서 떠먹는 중학영어 VOCA**를 학습하며 잘 외어지지 않는 단어는 따로 모아서 밑에 '메모(memo)'란에 적어두고, 자투리 시간을 활용해서 3번 연속으로 체크된 단어를 틈틈이 반복해서 공부합니다.

이와 같이 **누워서 떠먹는 중학영어 VOCA**를 공부한다면, 최소한의 시간을 투자해서 최대의 효과를 얻을 수 있을 것입니다. **누워서 떠먹는 중학영어 VOCA**가 여러분의 성적에 날개를 달아주기를 바랍니다.

001 **hear**
[hiər] 히얼

⑧ 듣다, ~이 들리다, ~을 전해 듣다

hear from ~로부터 연락을 받다

I hear **they only teach basics.**
나는 그들은 기초만 가르친다고 들었다.

파생어 **overhear** 우연히 듣다, 엿듣다
유의어 **listen** 듣다, 귀를 기울이다, 청취하다

002 **next**
[nekst] 넥스트

⑧ 다음의, 바로 옆인
⑨ 다음에 ⑳ ~의 옆에

next door 옆집의

My plan is to read them all by next **week.**
내 계획은 다음 주까지 책을 모두 읽는 것이야.

유의어 **following** ~후에, 따라오는, 다음의

003 **about**
[əbáut] 어바웃

㉐ ~에 관하여
⑨ 약, 대략

a book about animals 동물에 관한 책

It costs about **$10.**
그것은 약 10달러 한다.

유의어 **almost** 거의, 대부분, 약
　　　approximately 대략, 정도

004 **since**
[sins] 씬스

㉐ ~한 이래, ~한 이후, ~때문에
㉐⑨ ~한 이래, ~한 이후

not long since 요즈음에

They haven't studied since **Tuesday.**
그들은 화요일 이후 공부하지 않았다.

유의어 **because** ~때문에, 왜냐하면
　　　before 이전에, 앞에

● MEMO

005 **hate**
[heit] 헤이트

동 미워하다, 싫어하다

hate cleaning the room 방 청소를 싫어하다
I hate spinach.
난 시금치가 싫다.

반의어 **love** 사랑하다, 좋아하다
유의어 **dislike** 싫어하다, 싫음

006 **dime**
[daim] 다임

명 10센트 동전

spend a dime on bread 빵 값으로 10센트를 쓰다
Tim dropped a dime.
팀이 10센트 짜리 동전을 떨어뜨렸다.

007 **boil**
[bɔil] 보일

동 끓다, 삶다

boil with ~으로 끓어오르다
The water was bubbling and boiling away.
물이 보글보글 끓고 있었다.

파생어 **boiling** 몹시 더운, 끓어오르는
        boilable (인스턴트 요리에서) 봉지째 끓여서 데울 수 있는

008 **true**
[tru:] 트루

형 진실한, 정말인, 진짜의, 진정한

true friendship 진정한 우정
His words ring true.
그의 말은 진실인 것 같다.

반의어 **false** 거짓의, 잘못하여, 허위인
파생어 **truthful** 정직한, 진실인, 진실한

● MEMO

009 **flight**
[flait] 플라잇

> 뗑 날기, 비행, 항공편

a hot-air balloon flight 열기구 비행
We're booked on the same flight.
우리는 같은 항공편에 예약되어 있다.

파생어 fly (새·곤충이) 날다
유의어 aviation 비행, 항공, 비행술

010 **mad**
[mæd] 매드

> 뗑 미친, 화난, 열광한

hopping mad 몹시 화가 난
Her mistakes makes me mad.
그녀의 실수는 나를 화나게 만든다.

반의어 sane 제정신의, 온전한
유의어 crazy 미쳐있는, 말도 안 되는

011 **join**
[dʒɔin] 조인

> 뙭 결합하다, 가입하다, 참가하다

join one thing to another 어떤 것을 딴 것과 결합하다
I want to join the reading club.
나는 독서 동아리에 가입하고 싶다.

파생어 joint 공동의, 합동의
유의어 unite 통합하다, 단결하다

012 **save**
[seiv] 세이브

> 뙭 구하다, 덜다, 저축하다, 절약하다

save money for a rainy day 만일의 경우에 대비해서 돈을 저축하다
It is not an easy job to save energy.
에너지 절약은 쉬운 일이 아니다.

유의어 help 돕다, 도움, 도와주다
　　　keep 유지하다, 계속하다

🍎 MEMO

013 **else**
[els] 엘즈

㉱ 그 밖의, 다른
㉰ 그 밖에

somebody else**'s hat** 어떤 다른 사람의 모자
Do you want anything else?
그 밖에 무엇이 필요합니까?

014 **staff**
[stæf] 스태프

㉱ 직원, 지팡이

the managing staff 간부
They have almost 1,000 research staff.
그들에게는 1천 명에 달하는 연구직원이 있다.

유의어 personnel 인사부, 인력, 사람들

015 **propose**
[prəpóuz] 프로포우즈

㉵ 제안하다

propose **a toast to** ~를 위해 건배를 제안하다
Why not propose **a trip to Gyeongju?**
경주 여행을 한 번 제안해 봐?

반의어 withdraw 철수하다, 철회하다
파생어 proposal 제안, 제의

016 **it**
[it] 잇

㉲ 그것

make it 만들다, 성공하다
He took a stone and threw it.
돌을 주워(그것을) 던졌다.

● MEMO

017 lawn
[lɔːn] 러운

(명) 잔디밭, 잔디

mow the lawn 잔디를 깎다

They arrived for lunch on the lawn.
그들이 잔디밭에서 식사를 하기 위해 도착했다.

파생어 lawny 잔디의[같은], 잔디가 많은

018 prepare
[pripéər] 프리페어

(동) 준비하다, 대비하다, 마련하다

to prepare **a report** 보고서를 준비하다

She prepared **her daughter for the trip.**
그녀는 딸에게 여행 준비를 시켰다.

파생어 preparatory 예비의, 준비의

019 click
[klik] 클릭

(명) 딸깍하는 소리, 클릭
(동) 딸깍 소리를 내다, 클릭하다

double click 더블클릭 하다

The door closed with a click.
딸깍하는 소리를 내며 문이 닫혔다.

020 as
[ǽz] 애즈

(접) ~만큼, ~하자마자, ~하고 있을 때, ~이기 때문에
(전) ~로서, ~와 같은 **(부)** ~와 같을 정도로

as **a middle school student** 중학생으로서

She works as **hard** as **anybody.**
그녀는 누구 못지 않게 열심히 공부한다.

유의어 because ~때문에, 왜냐하면
since ~이후, ~때부터

🍃 MEMO

스스로의 힘으로 작성해 봅시다.

	English	Korean
01	about	
02	as	
03	boil	
04	click	
05	dime	
06	else	
07	flight	
08	hate	
09	hear	
10	it	
11	join	
12	lawn	
13	mad	
14	next	
15	prepare	
16	propose	
17	save	
18	since	
19	staff	
20	true	

● MEMO

021 **thoughtful**
[θɔ́ːtful] 쏫트풀 · 형 배려하는, 사려 깊은

a thoughtful look 사려 깊은 눈빛
You weren't always the most thoughtful person.
너는 항상 가장 사려 깊은 사람은 아니었다.

파생어 **thoughtfully** 사려 깊게, 친절하게

022 **draw**
[drɔː] 드라우 · 명 동점 · 동 당기다, 끌다, 그리다
draw-drew-drawn

draw a picture 그림을 그리다
I found my attention being drawn again.
나의 관심이 다시 끌리는 것을 발견했다.

파생어 **drawing** 그림, 끌기, 도면

023 **bravery**
[bréivəri] 브레이버리 · 명 용기, 용맹

a symbol of bravery 용기의 상징
I want to find bravery in myself.
용맹한 내 자신을 발견하고 싶다.

반의어 **cowardice** 겁, 비겁, 소심함
파생어 **brave** 용감한, 용기

024 **dish**
[diʃ] 디쉬 · 명 접시, 요리

the beautiful dishes 아름다운 접시들
I first tried French dishes today.
나는 오늘 처음으로 프랑스 요리를 맛봤다.
파생어 **dishes** 설거지거리

● MEMO

025 skill
[skil] 스킬   몡 기술, 기능, 솜씨

a man of skill 솜씨가 있는 사람
You need skills to fix the TV.
너는 TV를 고치려면 기술이 필요하다.

파생어 skilful 솜씨 좋은, 교묘한
유의어 talent 재능, 인재, 소질

026 plan
[plæn] 플랜   몡 계획, 플랜
                  동 계획을 세우다

plan to do ~할 계획이다
Mom plans to cut my spending money.
엄마는 나의 용돈을 줄일 계획을 세우고 계신다.

파생어 unplanned 예상외의, 계획이 서지 않은
유의어 program 계획, 과정

027 great
[greit] 그뤠잇   혱 큰[많은], 위대한, 좋은

a great artist 위대한 예술가
A great crowd had gathered.
아주 많은 군중이 모여 있었다.

반의어 little 작은, 조금
파생어 greatness 큼, 거대함

028 request
[rikwést] 리퀘스트   몡 요청
                        동 요구하다

refuse a request 요청을 거절하다
She could not keep up with all the requests.
그녀는 그 모든 요청을 받아줄 수 없었다.

파생어 require 필요[요구]하다, 필요로 하다
유의어 demand 요구하다, 수요

● MEMO

029 **publish** [동] 출판하다, 출간하다
[pʌ́bliʃ] 퍼블리쉬

get the magazine published 잡지가 출간되다
Educational comic books are being published.
교육용 만화책이 출간되고 있다.

파생어 publisher 출판사, 출판업자, 발행인
publishing 발표하다, 발매하다

030 **tip** [명] 끝, 사례금, 팁, 정보
[tip] 팁

tips on the weather 날씨 정보
Don't try to tip the waiter.
웨이터에게 팁을 주려고 하지마라.

유의어 bonus 보너스, 상여금, 덤

031 **speed** [명] 속도, 속력 [동] 가속화하다
[spi:d] 스피드
speed-sped-sped

full speed 전속력으로
My computer speed is very slow.
나의 컴퓨터 속도가 너무 느리다.
파생어 speeding 속도위반, 과속, 고속 진행
유의어 accelerate 가속하다, 빨라지다

032 **tomorrow** [명] 내일, 미래, 장래
[tumάrou] 투마로우

by tomorrow night 내일 밤 안으로
He goes to the museum tomorrow.
그는 내일 박물관에 갈 예정이다.

MEMO

033 guide
[gaid] 가이드

명 안내자, 안내서, 관광 안내 책자 **동** 안내하다
guide-guided-guided

guide tour 여행사에서 안내하는 여행

It is helpful to have a guide while visiting London.
런던을 방문할 때 안내자가 있는 게 도움이 된다.

반의어 misguide ~의 지도를 잘못하다, ~을 그릇된 방향으로 이끌다
파생어 guidable 인도[지도, 안내]할 수 있는

034 material
[mətíəriəl] 머티어리얼

명 물질, 자료, 재료

based on the materials 자료에 근거하여

Anyone who posts materials is welcome.
자료를 올리는 분들은 누구든 환영합니다.

파생어 materialize 실현되다, ~을 유형화하다
유의어 substance 물질, 재질, 재료

035 ask
[æsk] 애스크

동 묻다, 요구하다

ask for directions 길을 묻다

He asked about her family.
그가 그녀 가족의 안부를 물었다.

파생어 asker 구하는 사람, 거지, 질문자
유의어 question 질문하다, 묻다

036 naive
[naːíːv] 나이브

형 순진한, 순수한

a naive question 순진한 질문

We are sometimes a bit naive.
우리는 다소 순진할 때가 있다.

반의어 worldly 이 세상의, 현세의
유의어 candid 솔직한, 진솔한, 자연스러운

● MEMO

037 situation
[sìtʃuéiʃən] 시츄에이션

® 위치, 상황

to be in a difficult situation 힘든 상황에 처해 있다
Most of us are not calm in every situation.
우리들 대부분은 모든 상황에서 침착하지 않다.

파생어 situational 장면의, 상황 윤리의
유의어 place 곳, 장소

038 water
[wɔ́:tər] 워뤌

® 물
⑧ 물을 주다

in the water 물속에
NASA found water on the moon.
나사가 달에서 물을 발견했다.

파생어 underwater 수중의, 물속에서, 해저
유의어 liquid 액체, 유체

039 tight
[tait] 타이트

® 꼭 맞는, 몸에 꼭 끼는
㉯ 단단히, 충분히, 빽빽히

a tight fit 꼭 끼는 옷
My suitcase was packed tight.
내 여행 가방에는 짐이 빽빽히 들어 있었다.

반의어 loose 느슨해지다, 풀다, 헐거운
유의어 close 가까운, 닫다, 가까이에

040 target
[tɑ́:rgit] 탈겟

® 표적, 목표, 타깃
⑧ 겨냥하다

set the target clearly 목표를 분명히 정하다
Set yourself targets that you can reasonably hope to achieve.
타당하게 성취하기를 바랄 수 있는 목표를 설정하라.

파생어 targeting 약물 표적화
유의어 mark 안표, 표지, 표적, 과녁

● MEMO

스스로의 힘으로 작성해 봅시다.

	English	Korean
01	ask	
02	bravery	
03	dish	
04	draw	
05	great	
06	guide	
07	material	
08	naive	
09	plan	
10	publish	
11	request	
12	situation	
13	skill	
14	speed	
15	target	
16	thoughtful	
17	tight	
18	tip	
19	tomorrow	
20	water	

MEMO

041 grade
[greid] 그레이드 · 혱 성적, 등급, 학년

grade B eggs B 등급의 달걀
They are in the same grade.
그들은 같은 학년이다.

파생어 **grading** 등급, 평가, 성적
유의어 **class** 수업, 강의, 계층

042 able
[éibl] 에이블 · 혱 ~할 수 있는
able < abler < ablest

be able to do ~할 수 있다
I guess computers will be able to converse like humans, too.
나는 컴퓨터도 인간처럼 대화를 할 수 있을 거라고 생각해.

반의어 **unable** ~할 수 없는, ~하지 못하는
유의어 **can** 할 수 있다, 캔, 통조림

043 imagine
[imǽdʒin] 이메진 · 통 상상하다

imagine of ~을 상상하다
I can't imagine how brave she is.
나는 그녀가 얼마나 용감한지 상상이 가질 않는다.

파생어 **unimaginable** 상상할 수 없는, 생각조차 못 하는
유의어 **think** 생각하다, 같다, 상상하다

044 impossible
[impάsəbl] 임파서블 · 혱 불가능한

to attempt the impossible 불가능한 것을 시도하다
If cars don't have mirrors, it is impossible to drive.
자동차에 거울이 없다면 운전하는 것이 불가능하다.

반의어 **possible** 가능한, 할 수 있는

● MEMO

045 watch
[watʃ] 와치

® 시계
⑧ 지켜보다, 감시하다

a wrist watch 손목시계
We have our own teachers, always watching **over us.**
우리를 항상 지켜보고 계시는 선생님들이 있다.

파생어 **watchful** 주의 깊은, 경계를 하는
유의어 **survey** 조사하다, 연구하다, 평가하다

046 hair
[hɛər] 헤얼

® 털, 머리카락

brush one's hair 머리를 빗질하다
I'm having my hair **cut this afternoon.**
나는 오늘 오후에 머리카락을 자를 거야.

파생어 **hairless** 털이 없는, 대머리의

047 believe
[bilíːv] 빌리브

⑧ 믿다, 신뢰하다

do not believe **in** 믿지 않다
No one believed **him.**
아무도 그를 믿지 않았다.

파생어 **belief** 신념, 믿음, 생각

048 joke
[dʒouk] 조크

® 농담, 웃음거리
⑧ 농담하다, 놀리다

tell a joke 농담하다
I can't tell jokes
나는 농담을 할 줄 모른다.

파생어 **joker** 농담하는 사람, 익살꾼
jokingly 농담 삼아, 장난으로

● MEMO

049 **minor**
[máinər] 마이널   형 사소한, 소수의   명 미성년자

a minor fault 사소한 잘못
Minors have been sent to the region.
미성년자들이 그 지역으로 보내졌다.

반의어 major 주요한, 큰, 전공의, 대기업
파생어 minority 소수

050 **graduate**
[grǽdʒuèit] 그래쥬에이트   명 졸업생, 대학원생
                     동 졸업하다

graduate from middle school 중학교를 졸업하다
He couldn't graduate this year.
그는 올해 졸업을 할 수 없었다.

파생어 graduation 졸업

051 **talent**
[tǽlənt] 탤런트   명 재능, 재주, 탤런트, 인재

a man of many talents 재주가 많은 남자
The teacher recognized my talent for singing songs.
선생님은 내가 노래 부르는데 재능이 있음을 알아보셨다.

파생어 talented (타고난) 재능[재주]이 있는
유의어 ability 능력, 기능, 재능

052 **brand**
[brænd] 브랜드   명 상표, 브랜드
                    동 낙인을 찍다

a famous brand 유명 브랜드 상품
He knows how important brand power is.
그는 브랜드 파워가 얼마나 중요한지 알고 있다.

파생어 brander 낙인을 찍는 사람
유의어 trademark 상표

● MEMO

053 fare
[fɛər] 페얼

® 요금, 운임
⑧ 해 나가다

an economy fare 가장 싼 요금
Bus fares are likely to rise.
버스 요금이 인상될 것 같다.

파생어 farer 여행자, 길손
유의어 price 값, 가격, 대가, 정가

054 burden
[bə́:rdn] 벌든

® 짐, 부담

lay a burden on ~에게 부담을 주다
The horse is strong enough to carry the burden.
그 말은 짐을 운반할 정도로 튼튼하다.

유의어 load 적재 하물, 짐

055 eat
[i:t] 잇

⑧ 먹다, 음식을 먹다
eat-ate-eaten

eat three meals a day 하루에 세 끼를 먹다
I don't eat meat.
나는 고기를 안 먹는다.

파생어 eater 먹는 사람

056 approach
[əpróutʃ] 어프로치

® 접근
⑧ 접근하다, 착수하다, 다가오다

approach the moon 달에 접근하다
Winter is approaching.
겨울이 다가오고 있다.

파생어 approachable 가까이하기 쉬운, 사귀기 쉬운

● MEMO

057 fellow
[félou] 펠로우   몡 동료, 친구

fellows at school 동창생
Many fellow workers were also present.
많은 동료 직원들도 참석했다.

유의어 **partner** 파트너, 협력자, 상대

058 competent
[kámpitənt] 캄피턴트   휑 유능한, 적임의

competent workers 유능한 일꾼들
He is competent to do the task.
그는 그 일의 적임자다.

파생어 **competence** 능숙함, 능숙도
       competently 유능하게

059 audible
[ɔ́:dəbl] 어더블   휑 들을 수 있는

barely audible 거의 들리지 않는
She lowered her voice until it was barely audible.
그녀는 겨우 들릴 만하게 목소리를 낮췄다.

반의어 **inaudible** 들리지 않는, 알아들을 수 없는
파생어 **audibly** 들리도록, 들을 수 있게

060 single
[síŋgl] 싱글   휑 단 하나의, 독신의   몡 단일, 독신자
                 통 선발하다, 선출하다

a single glass of water 단 한 잔의 물
He stays single.
그는 독신이다.

파생어 **singular** 단수의, 독특한, 특별한
유의어 **sole** 단 하나의, 단 한 사람의

🔴 MEMO

스스로의 힘으로 작성해 봅시다.

	English	Korean
01	able	
02	approach	
03	audible	
04	believe	
05	brand	
06	burden	
07	competent	
08	eat	
09	fare	
10	fellow	
11	grade	
12	graduate	
13	hair	
14	imagine	
15	impossible	
16	joke	
17	minor	
18	single	
19	talent	
20	watch	

● MEMO

061 **behind**
[biháind] 비하인드

전 ~의 뒤에, ~의 이면에
부 뒤(쪽)에

walk behind 뒤를 따라가다

The boy was hiding behind **a door.**

소년은 문 뒤쪽에 숨어 있었다.

반의어 **ahead** 앞쪽에, 앞길에
유의어 **after** ~의 뒤에, ~에 뒤이어

062 **compare**
[kəmpέər] 컴페얼

동 비교하다, 비유하다

compare **prices** 가격을 비교하다

Compared **to E-Mart, the store is a little expensive.**

이마트와 비교해 볼 때 그 가게는 조금 비싼 편이다.

파생어 **comparatively** 비교적, 상대적으로

063 **discover**
[diskΛvər] 디스코벌

동 발견하다, 찾다, 알다

discover **an astonishing fact** 놀랄 만한 사실을 발견하다

That is what the research team has discovered **so far.**

그것이 연구팀이 지금까지 발견한 것이다.

파생어 **discoverable** 발견할 수 있는, 인정될 수 있는
유의어 **find** 찾다, 발견하다, 알다

064 **card**
[ka:rd] 칼드

명 카드, 명함, 카드놀이

leave one's card **with a person** 남에게 명함을 두고 오다

Who wants to play cards?

카드 게임 할 사람 있어?

● MEMO

065 amazing
[əméiziŋ] 어메이징　　혱 놀랄만한

amazing **talent** 놀라운 재능
That's amazing!
그것은 놀랄만한 일이다!

파생어 amazed 놀란, 대경 실색한
유의어 wonderful 멋진, 훌륭한, 놀라운

066 castle
[kǽsl] 캐슬　　혱 성(城), 궁궐

the princess in the castle 성 안의 공주
The castle stands on the mountain.
그 성은 산 위에 위치해 있다.

유의어 palace 궁전
tower 타워, 탑, 고층 빌딩

067 unisex
[júːnisèks] 유니섹스　　혱 남녀의 구별이 없는
　　　　　　　　　　혱 남녀 공용 스타일

unisex **watches** 남녀 공용 시계들
More clothes are becoming unisex.
남녀 공용 옷들이 많아지고 있다.

068 housing
[háuziŋ] 하우징　　혱 주거, 주택 공급

housing **policy** 주택 정책
We need more housing for the needy
가난한 사람들을 위해서 보다 많은 주택이 필요하다

유의어 residence 주택, 주거, 거주지

● MEMO

069 telescope
[téləskòup] 텔러스코프

[명] 망원경

hubble space telescope 허블 우주 망원경

He broke a telescope.

그는 망원경을 망가뜨렸다.

파생어 telescopic 망원경의, 망원경으로 본

유의어 spyglass 작은 망원경, 쌍안경

070 typical
[típikəl] 티피컬

[형] 전형적인, 일반적인, 평범한

a typical day at school 학교에서의 평범한 하루

I sometimes like eating typical Korean foods.

나는 때때로 전형적인 한국음식 먹는 것을 좋아한다.

파생어 typify ~을 대표하다, ~의 특징을 나타내다, ~의 전형이 되다

유의어 general 일반의, 전반적인, 보통의

071 meanwhile
[mí:nwàil] 민와일

[부] 그 동안에, 한편
[명] 중간 시간

for the meanwhile 당분간

They, meanwhile, are enjoying video games.

그러는 동안에 그들은 비디오게임을 즐기고 있다.

유의어 meantime 그 동안에, 그 동안

072 air
[ɛər] 에얼

[명] 공기, 공중, 하늘
[동] 방송하다

birds of the air 하늘을 나는 새

We should die without air .

공기가 없으면 사람은 죽고 말 것이다.

파생어 airy 바람이 잘 통하는, 비현실적인, 공상적인

MEMO

073 message
[mésidʒ] 메시지

명 전갈, 메시지, 취지

an oral message 구두 전갈
There were no messages **for me at the hotel.**
호텔에는 내 앞으로 온 전갈이 없었다.

유의어 note 기록, 각서, 수기
news 뉴스, 소식, 보도

074 booklet
[búklit] 북릿

명 소책자, 작은 책자

a booklet **about** ~에 관한 소책자
I ask that you keep this booklet.
이 작은 책자를 보관해주시기 바랍니다.

유의어 pamphlet 팸플릿, 소책자

075 circumstance
[sə́:rkəmstæns] 설컴스탠스

명 상황, 환경, 주위의 사정

live under strange circumstances 낯선 환경에서 살다
We should succeed in any circumstance.
우리는 어떤 상황 하에서도 성공해야 한다.

파생어 circumstantiate| 상세히 설명하다[말하다]
circumstantial 정황적인

076 butterfly
[bʌ́tərflài] 버터플라이

명 나비

fly like a butterfly 나비처럼 날다
Butterflies **can be easily found there.**
나비들은 그곳에서 쉽게 찾을 수 있다.

● MEMO

077 **humorous** [형] 유머러스한, 익살스러운, 재미있는

[hjú:mərəs] 휴머러스

in a humorous way 익살스럽게

The play becomes more humorous.

그 연극이 좀 더 재미있어졌다.

반의어 serious 진지한, 진담의, 농담 아닌, 엄숙한

유의어 funny 재미있는, 웃기는, 이상한

078 **gloom** [명] 우울, 침울, 어둠

[glu:m] 글룸

in the gloom of a dense forest 밀림의 어둠 속에서

The gloom was lifted.

우울함이 걷혔다.

반의어 happiness 행복, 만족, 기쁨

079 **gay** [형] 명랑한, 화려한, (특히 남자) 동성자의

[명] 동성애자, 게이

[gei] 게이

sound gay 명랑하게 들리다

No one backs gay marriage.

아무도 동성결혼을 찬성하지 않는다.

반의어 heterosexual 이성애자

080 **hiking** [명] 도보 여행, 하이킹

[háikiŋ] 하이킹

to go hiking 하이킹을 가다

Canned foods come in handy when we go camping or hiking.

통조림은 캠프나 하이킹을 갈 때 유용하다.

MEMO

스스로의 힘으로 작성해 봅시다.

	English	Korean
01	air	
02	amazing	
03	behind	
04	booklet	
05	butterfly	
06	card	
07	castle	
08	circumstance	
09	compare	
10	discover	
11	gay	
12	gloom	
13	hiking	
14	housing	
15	humorous	
16	meanwhile	
17	message	
18	telescope	
19	typical	
20	unisex	

● MEMO

081 **noticeable**
[nóutisəbl] 노티써블   형 눈에 띄는, 현저한, 비범한, 특이한

noticeable damage   눈에 띄는 피해
The tall buildings were especially noticeable to me.
고층건물들이 특히 나의 눈에 띄었다.

파생어 notice 알아차리다, 주목하다, 공지, 게시

082 **mixture**
[míkstʃər] 믹스쳐   명 혼합(물)

mixture of flour and eggs   밀가루와 계란의 혼합
The city is a mixture of old and new buildings.
그 도시는 신구 건물들의 혼합체이다.

파생어 mix 혼합하다, 섞다, 믹스, 혼혈, 결합하다

083 **stage**
[steidʒ] 스테이지   명 무대, 단계

at this stage   현 단계에서는
Dancers stood behind the stage.
댄서들이 무대 뒤에 서 있었다.

파생어 stagy 연극조의, 자연스럽지 못한

084 **spectacle**
[spéktəkl] 스펙터클   명 안경, 광경, 장관(壯觀)

a charming spectacle   아름다운 광경
She is wearing blue jeans and spectacles.
그녀는 청바지를 입고 안경을 끼고 있다.

파생어 spectacular 장관을 이루는, 극적인

● MEMO

34

085 survey
[sərvéi] 설베이

몡 조사, 사찰
동 조사하다

do a sample survey 표본조사를 하다
Yesterday we learned how to make a survey.
우리는 어제 설문조사법을 배웠다.

파생어 surveying 측량, 측량술

086 basis
[béisis] 베이시스

몡 기초, 근거

on a commercial basis 상업을 기초로
This article will form the basis for our discussion.
이 글이 우리 토론의 기초를 형성할 것이다.

파생어 basically 기본적으로, 다시 말하면, 근본적으로
유의어 base 기반, 기초, 위치하다

087 iron
[áiərn] 아이른

몡 쇠, 철, 철분, 다리미
형 철(제)의, 불굴의, 강건한

the iron and steel industry 철강 산업
Do not leave the hot iron on the shirt.
셔츠에 뜨거운 다리미를 올려두지 마라.

파생어 ironer 다리미질하는 사람
　　　ironlike 무쇠처럼 강한

088 usual
[júːʒuəl] 유절

형 평소의, 보통의

than usual 평소보다
He came home later than usual.
그는 평상시보다 더 늦게 귀가했다.

반의어 unusual 보통이 아닌, 비범한, 특별한
유의어 general 일반의, 총체적인, 전반적인

● MEMO

089 **era**
[íərə] 에라

몡 시대, 연대

prepare for a new era 새로운 시대를 준비하다
They must have been in a very different era.
그들은 매우 다른 시대에 살았음에 틀림없었다.

유의어 **period** 기간, 시대, 시기

090 **trip**
[trip] 트립

몡 여행, 발을 헛디딤
동 넘어지다

on a trip 여행을 떠나
We went on a trip **to the mountains.**
우리는 산으로 여행을 갔다.

파생어 **trippingly** 재빨리, 유창하게
유의어 **journey** 여행

091 **shadow**
[ʃǽdou] 섀도우

몡 그림자, 그늘
동 그늘을 드리우다

the shadow **of death** 죽음의 그림자
Their friendship was shadowed **by money matters.**
그들의 우정은 돈 문제로 그늘이 졌다.

파생어 **overshadow** 가리다, ~을 흐리게 하다, ~을 어둡게 하다
유의어 **darkness** 암흑, 어둠, 검음

092 **shortcut**
[ʃɔ́ːrtkʌ̀t] 숄트컷

휑 손쉬운
몡 지름길

take shortcuts **to success** 성공의 지름길로 가다
She mistakes it for a shortcut **to a church.**
그녀는 그 길을 교회로 가는 지름길로 착각했다.

🫛 MEMO

093 **overflow** [명] 넘쳐흐름, 범람, 과다, 과잉
[òuvərflóu] 오벌플로우 [동] 넘치다, 범람시키다

the overflow of the Han River 한강의 범람
My heart overflows with love for Mary.
나의 마음은 메리에 대한 사랑으로 가득 차 있다.

파생어 overflowing 넘쳐 흐르는
유의어 flood 홍수, 침수하다, 범람, 수해, 넘치게 하다

094 **o'clock** [부] ~시, ~시 방향
[əklɑ́k] 어'클락

stay there until 11 o'clock 11시 까지 그곳에 머무르다
School is over at 4 o'clock.
학교는 4시에 끝난다.

095 **responsible** [형] 책임이 있는
[rispɑ́nsəbl] 리스판서블

responsible students 책임 있는 학생들
I am partly responsible for that matter.
나도 그 일에는 얼마큼 책임이 있다.

반의어 irresponsible 무책임한, 책임감이 없는
파생어 responsibility 책임(맡은 일), 책무

096 **wooden** [형] 나무의, 나무로 만든
[wúdn] 우든

a large wooden cross 커다란 나무 십자가
It looked like a wooden box.
그것은 나무 상자처럼 보였다.

파생어 wooded 나무에 덮인, 숲이 있는

MEMO

097 international
[ìntərnǽʃənəl] 인터내셔널

형 국가간의, 국제적인
명 국제, 인터내셔널

Incheon International Airport 인천국제공항
The UN's goal is to promote international cooperation.
유엔의 목표는 국가간의 협력을 증진시키는 것이다.

파생어 national 국가의, 전국민의, 국립의
유의어 global 세계적인, 글로벌, 지구의

098 foretell
[fɔːrtél] 포어텔

동 예언하다, 예측하다, 예상하다
foretell-foretold-foretold

to foretell the future 미래를 예언하다
Nobody can foretell whatwill happen tomorrow.
내일 무슨 일이 일어날지 아무도 예측할 수 없다.

유의어 predict 예측하다, 전망하다, 예상하다, 예견하다
guess ~인 것 같다, ~라고 생각하다, 추측하다

099 luxury
[lʌ́kʃəri] 럭셔리

명 호화로움, 사치, 사치품, 럭셔리

a luxury ship 호화 여객선
He also enjoys luxuries like his father.
그는 아버지처럼 사치품을 좋아한다.

파생어 luxurious 아주 편안한, 호화로운

100 vocalist
[vóukəlıst] 보컬리스트

명 가수, 성악가, 보컬리스트

a famous vocalist 한 유명한 성악가
He is the lead vocalist for the band.
그는 그 밴드의 리드보컬이다.

● MEMO

38

스스로의 힘으로 작성해 봅시다.

	English	Korean
01	basis	
02	era	
03	foretell	
04	international	
05	iron	
06	luxury	
07	mixture	
08	noticeable	
09	o'clock	
10	overflow	
11	responsible	
12	shadow	
13	shortcut	
14	spectacle	
15	stage	
16	survey	
17	trip	
18	usual	
19	vocalist	
20	wooden	

● MEMO

101 scarf
[ska:rf] 스칼프

명 스카프, 목도리

hand knitted scarf 손으로 짠 목도리
I put a scarf on my neck.
나는 목에 스카프를 둘렀다.

102 research
[risə́:rtʃ] 리설치

명 연구, 조사, 탐구
동 연구하다 researcher(연구원)

research on ~에 대한 연구
My father is always busy with research .
나의 아버지는 언제나 연구에 바쁘시다.

파생어 researcher 연구원, 연구하는 사람
유의어 work 일하다, 연구, 작업

103 alphabet
[ǽlfəbèt] 앨퍼벳

명 알파벳

say the alphabet backward 알파벳을 거꾸로 말하다
The English alphabet has 26 letters.
영어 알파벳은 26자로 구성되어 있다.

104 hurricane
[hə́:rikèin] 허리케인

명 허리케인, 폭풍

the hurricane season 허리케인이 발생하는 계절
Hurricanes are becoming more common.
허리케인이 점점 흔해지고 있다.

유의어 storm 폭풍, 호우, 허리케인
   tornado 대선풍, 토네이도, 대폭풍우

● MEMO

105 edible
[édəbl] 에더블 · 형 먹을 수 있는, 식용의

edible bean oil 식용콩기름
The flowers are edible.
그 꽃들은 먹을 수 있다.

유의어 **eatable** 먹을 수 있는, 먹기에 적합한, 식료품

106 lot
[lat] 랏 · 명 부지, 많음, 운명, 추첨

choose turns by lot 추첨으로 순서를 결정하다
He had a lot of interests in science in his childhood.
그는 어린 시절에 과학에 많은 흥미를 갖고 있다.

107 below
[bilóu] 빌로우 · 형 하단의 · 부 아래쪽에 · 전 ~보다 아래의

below the bridge 다리 아래쪽에
They hope you check out the below list.
그들은 네가 아래에 있는 목록을 확인하기를 희망한다.

반의어 **above** ~보다 위에, 위쪽에, 하늘에
유의어 **under** ~의 아래에, ~의 바로 밑에

108 evening
[íːvniŋ] 이브닝 · 명 저녁, 밤

evening rush hour 저녁 퇴근 시간
The plane landed in the evening.
비행기는 저녁에 착륙했다.

유의어 **night** 밤, 야간, 저녁

● MEMO

109 story
[stɔ́:ri] 스토리

명 이야기, 스토리, 층, 단편 소설

a bedtime story 잠자기 전에 들려주는 이야기
This book contains 15 short stories.
이 책에는 15편의 단편소설이 수록돼 있다.

유의어 tale 이야기, 설화

110 shooting
[ʃú:tiŋ] 슈팅

형 급속한
명 발사, 총격, 총사냥, 촬영

a shooting star 별똥별
The shooting took place near the church.
총격이 교회 근처에서 발생했다.

111 across
[əkrɔ́:s] 어크로스

부 가로질러
전 ~을 가로질러, ~에 걸쳐서

a bridge across a river 강을 건너질러서 놓은 다리
I saw him running across the playground.
나는 그가 운동장을 가로질러 가는 것을 보았다.

112 connection
[kənékʃən] 커넥션

명 연결, 연관, 관계

have a connection with 두 관념 사이의 관계
I made the connection between study and leisure.
나는 공부와 여가생활 간의 연관관계를 발견했다.

파생어 connected 일관성 있는, 관련된, 결합된
유의어 relation 관계, 관련, 연관, 친척

● MEMO

113 chase
[tʃeis] 체이즈   통 뒤쫓다, 쫓아내다, 추적하다

give chase 뒤쫓기를 시작하다
We chased the cat away.
우리는 고양이를 쫓아 버렸다.

유의어 pursue 쫓다, 추적하다, 몰다

114 roof
[ru:f] 루프   명 지붕, 천장

the roof of a cave 동굴의 천장
The roof of the car was not damaged in the accident.
자동차 지붕은 그 사고에서도 파손되지 않았다.

파생어 roofless 지붕이 없는

115 north
[nɔ:rθ] 놀쓰   형 북의 부 북으로 명 북, 북쪽

a cool breeze from the north 북쪽으로부터의 시원한 산들바람
Strong winds will be expected in the north region.
북쪽지역은 거센 바람이 예상된다.

반의어 south 남, 남쪽, 남부
파생어 northward 북쪽으로

116 backpack
[bǽkpæ̀k] 백 팩   명 배낭
                 통 배낭을 지고 걷다

wear a backpack 배낭을 메다
Both men are wearing a backpack.
두 남자 모두 배낭을 메고 있다.

🍃 MEMO

117 handy
[hǽndi] 핸디

ⓗ 바로 곁에 있는, 편리한, 유용한, 능숙한

a handy little tool 유용한 작은 도구
He is handy with any tool.
그는 어떤 도구를 써도 능숙하다.

파생어 underhand 비밀의, 정정당당하지 못한
handiness 솜씨 좋음, 교묘함

118 clay
[klei] 클레이

ⓗ 점토, 찰흙

work clay 점토를 반죽하다
He makes food miniatures with clay, wood, and other materials.
그는 점토, 나무, 다른 재료들로 음식 미니어처를 만든다.

파생어 clayey 점토질의, 점토 같은
clayish 점토질[상(狀)]의, 진흙 비슷한

119 emotional
[imóuʃənəl] 이모셔널

ⓗ 감정적인, 정서의

become emotional 감정에 치우치다
I want to see more emotional movies than action ones.
액션 영화보다 감성적인 영화를 더 보고 싶다.

파생어 emotive 감동을 불러일으키는, 정서의, 감정적인
emotion 감정, 정서, 감성

120 courtyard
[kɔ́:rtjɑ̀:rd] 코트얄드

ⓗ 안마당, 안뜰

an interior courtyard 가장 내부의 뜰
The courtyard is filled with yellow flowers.
안뜰이 노란 꽃으로 가득 차 있다.

● MEMO

스스로의 힘으로 작성해 봅시다.

	English	Korean
01	across	
02	alphabet	
03	backpack	
04	below	
05	chase	
06	clay	
07	connection	
08	courtyard	
09	edible	
10	emotional	
11	evening	
12	handy	
13	hurricane	
14	lot	
15	north	
16	research	
17	roof	
18	scarf	
19	shooting	
20	story	

● MEMO

121 attention
[əténʃən] 어텐션
명 주의, 관심

absorb public attention 사람들의 주의를 끌다
He turned his attention to the television again.
그는 다시 텔레비전으로 주의를 돌렸다.

파생어 attend 참석하다, 다니다, 주의하다

122 aspirin
[æsprin] 애스피린
명 아스피린

take some aspirin 아스피린을 먹다
Do you have any aspirin?
아스피린 있어요?

123 geography
[dʒiágrəfi] 지아그러피
명 지리, 지리학

the geography of Korea 한국의 지리
I'm majoring in geography.
나는 지리학을 전공하고 있다.

파생어 geographical 지리학(상)의, 지리(학)적인
     geographically 지리(학)적으로

124 gesture
[dʒéstʃər] 제스쳘
명 몸짓, 손짓, 제스처
동 몸짓을 하다

make a gesture of despair 절망적인 몸짓을 하다
He gestured to his girlfriend for chocolates.
그는 여자 친구에게 초콜릿을 달라고 손짓했다.

● MEMO

125 **mighty**
[máiti] 마이티

⑧ 강력한, 힘센

a mighty **warrior** 강력한 전사
We were lucky to capture this mighty **animal.**
우리는 운 좋게도 이 힘센 동물을 잡았다.

반의어 weak 약한, 연약한, 가냘픈
유의어 strong 강한, 강력히, 강력한

126 **expectation**
[èkspektéiʃən] 엑스펙테이션

⑧ 기대, 예상, 전망

beyond expectation 예상외로
There was a general expectation **that he would win.**
그가 이기리라는 것이 일반적인 예상이었다.

파생어 expect 예상하다, 기대하다, 생각하다
유의어 prospect 전망, 과제, 가능성

127 **which**
[witʃ] 위치

⑧ 어느
⑭ 어느 쪽, ~하는, 그리고[그러나], 그것은

every which 어느것이든
Which **of these do you want?**
이것들 중에서 어느 것을 원하니?

128 **cloud**
[klaud] 클라우드

⑧ 구름, 클라우드, 자욱한 먼지

a single cloud **in the blue sky** 파란 하늘에 구름 한 점
The sun went behind a cloud.
해가 구름 뒤로 들어갔다.

파생어 cloudy 흐린, 구름의, 구름이 낀

● MEMO

129 **adverb** 명 부사
[ǽdvəːrb] 애드벌브

a local adverb 장소에 관한 부사
Adverbs usually come before adjectives.
부사는 보통 형용사 앞에 온다.

130 **guy** 명 남자, 녀석
[gai] 가이

a good guy 좋은 녀석
I always thought my dad was the smartest guy in the world.
나는 항상 아빠가 세상에서 가장 똑똑한 사람이라고 생각했다.

유의어 man 남자, 남성, 사나이

131 **loose** 형 느슨한, 여유 있는, 헐거워진, 풀려난, 헐렁한
[luːs] 루즈

a loose **sweater** 헐렁한 스웨터
Discipline is loose in that school.
그 학교는 규율이 느슨하다.

반의어 tight 엄격한, 꽉끼는, 빠듯한
파생어 loosen 느슨하게[헐겁게] 하다[되다]

132 **thousand** 명 1,000, 천
[θáuzənd] 싸우전드

thousands **of people** 수천 명의 사람들
This ruler costs two thousand won.
이 자는 2,000원이다.

● MEMO

133 stylish
[stáiliʃ] 스타일리쉬 　　　**형** 유행의, 멋진, 현대식의, 맵시 있는

stylish curtains 멋진 커튼

I'm going to send you this beautifully stylish bracelet.
이 아름답고 멋진 팔찌를 당신께 보내려 합니다.

파생어 stylishly 현대식으로, 유행에 따르게

134 yellow
[jélou] 옐로우 　　　**형** 노란색의, 황색의
　　　　　　　　　　명 노랑, 노란색, 황색

yellow-sand rain 황사비

She was dressed in yellow.
그녀는 노란색 옷을 입고 있었다.

파생어 yellowish 노르스름한, 누르스름한

135 unit
[júːnit] 유닛 　　　**명** 단위, 단원, 단일체, 유니트

the monetary unit of China 중국의 화폐단위

A pound is a unit of weight.
파운드는 무게 단위이다.

파생어 unitary 단일의, 한 개로 구성된
유의어 section 부분, 구분, 구획

136 mystery
[místəri] 미스터리 　　　**명** 신비, 불가사의, 미스터리

the mysteries of nature 자연의 신비

His sudden death remained a mystery.
그의 갑작스런 죽음은 미스터리로 남았다.

파생어 mysterious 이해[설명]하기 힘든, 기이한, 불가사의한
유의어 secret 비밀, 은밀한 일, 기밀

● MEMO

137 **belonging** 몡 소속, 소지품
[bilɔ́ːŋiŋ] 빌롱잉

to feel a sense of belonging 소속감을 느끼다
He was unable to see her belongings.
그는 그녀의 소지품을 볼 수 없었다.

파생어 belong ~의 것이다, 소유하다, 어울리다

138 **troublemaker** 몡 말썽꾸러기
[trʌ́blmèikər] 트러블메이커

a troublemaker student 말썽꾸러기 학생
I'm at my wits' end with this troublemaker.
나는 이 말썽꾸러기를 어찌해야 할 줄 모르겠다

139 **veranda** 몡 베란다, 툇마루
[vərǽndə] 버랜더

a room with a veranda 베란다가 있는 방
After dinner, we sat talking on the veranda.
저녁을 먹은 후 우리는 베란다에 앉아 이야기를 나누고 있었다.

파생어 verandaed 베란다가 있는

140 **powder** 몡 가루, 분말, 화약, 파우더
[páudər] 파우덜

milk powder 분유
Mom is looking for a baby powder.
엄마가 아기용 파우더를 찾고 계신다.

파생어 powdery 가루 같은, 분을 바른
유의어 smooth 부드러운, 원활한, 매끄러운, 매만지다

● MEMO

스스로의 힘으로 작성해 봅시다.

	English	Korean
01	adverb	
02	aspirin	
03	attention	
04	belonging	
05	cloud	
06	expectation	
07	geography	
08	gesture	
09	guy	
10	loose	
11	mighty	
12	mystery	
13	powder	
14	stylish	
15	thousand	
16	troublemaker	
17	unit	
18	veranda	
19	which	
20	yellow	

● MEMO

141 trap
[træp] 트랩

® 덫, 함정
⑤ 덫으로 잡다

catch in a trap 덫으로 잡다
More animals are were trapped yesterday.
어제 더 많은 동물들이 덫에 걸렸다.

파생어 **entrap** 덫으로 옭아매다
유의어 **snare** 덫, 올가미

142 jumper
[dʒʌ́mpər] 점퍼

® 잠바, 점퍼

a blue jumper 파란 점퍼
Your jumper looks really nice on you.
네 점퍼 너에게 아주 잘 어울리는데.

143 cow
[kau] 카우

® 소, 암소, 젖소

a herd of dairy cows 젖소 한 무리
I love to feed cows.
나는 소에게 여물을 주는 것을 좋아한다.

144 branch
[brænʧ] 브랜취

® 가지, 지점, 지류

open a branch 지점을 개설하다
The pigeon on a higher branch was seen.
좀 더 높은 나뭇가지 위에 비둘기가 보였다.

파생어 **branchy** 가지가 무성한, 가지가 많은, 가지가 우거진

● MEMO

52

145 recover

[rikʌ́vər] 리커벌

[동] 회수하다, 재생시키다, 회복하다

recover from ~에서 회복하다

My grandfather slowly began to recover.
나의 할아버지가 서서히 기력을 회복하기 시작하셨다.

파생어 recovery 회복, 회수, 복구, 재생
유의어 repair 수리, 치료하다, 회복하다

146 strip

[strip] 스트립

[명] 가늘고 긴 조각, 스트립쇼
[동] 옷을 벗다, 벗기다, 빼앗아 버리다

strip the paint off 페인트칠을 벗기다

I stripped and washed myself all over.
나는 옷을 벗고 온몸을 씻었다.

유의어 undress 옷을 벗다

147 properly

[prɑ́pərli] 프라펄리

[부] 적절하게, 단정하게, 정확히

speak English properly 영어를 정확히 말하다

He was properly dressed.
단정한 옷차림을 하고 있었다.

148 graduation

[grædʒuéiʃən] 그래듀에이션

[명] 졸업

have a graduation ceremony 졸업식을 거행하다

Congratulations on your graduation.
졸업 축하해요.

MEMO

149 mobile
[móubl] 모블

명 휴대전화 형 이동성의

a mobile library 이동 도서관
He is still using a mobile phone in the library.
그는 도서관에서 여전히 휴대폰을 사용하고 있다.

반의어 immobile 부동의, 움직이지 않는, 움직일 수 없는
유의어 movable 가동의, 이동 가능한

150 kindly
[káindli] 카인들리

형 친절한, 온화한
부 친절하게, 기꺼이, 진심으로

a kindly climate 온화한 기후
He kindly led me to the subway.
그는 친절하게 나를 지하철까지 안내해 주었다.

파생어 kindness 친절, 호의

151 silk
[silk] 씰크

명 비단, 실크

silk road 실크로드
This cloth is softer than silk.
이 천은 실크보다 더 부드럽다.

파생어 silken 비단결 같은
silky 비단 같은

152 spacious
[spéiʃəs] 스페이셔스

형 넓은, 널찍한

a spacious living room 넓은 거실
The game was held on a spacious playground.
경기가 넓은 운동장에서 펼쳐졌다.

파생어 space 공간, 우주, 스페이스
파생어 spaciousness 널찍함

● MEMO

153 clip
[klip] 클립

명 (서류·영화) 클립, 속도, 동영상
동 자르다, 깎다

an animated clip of cats 고양이만화 동영상
I clipped my papers together with a paper clip.
나는 보고서들을 클립으로 철해 놓았다.

154 endless
[éndlis] 엔들리스

형 끝이 없는, 무한한

the endless mercy of God 신의 무한한 자비
Endless money forms the sinews of war.
무한한 돈은 전쟁의 핏줄이 된다.

파생어 endlessly 끝없이, 끊임없이 , 쉼없이
유의어 countless 많은, 셀 수 없는, 다양한

155 lecture
[léktʃər] 렉쳘

명 강의
동 강의를 하다

give a lecture 강의하다
I can't understand her lectures.
난 그녀의 강의를 이해할 수 없어.

파생어 lecturer 강사, 강연자, 조교수

156 narrator
[nǽreitər] 내레이터

형 이야기하는 사람, 내레이터, 해설자

the narrator of the documentary 다큐멘터리의 내레이터
They are all audiobook narrators!
그들은 모두 오디오북 내레이터이다!

● MEMO

157 kindness
[káindnis] 카인드니스 · 몡 친절, 친절함, 친절한 행위

treat with kindness 친절을 베풀다
Acts of kindness start with simple things.
친절은 사소한 것에서 시작된다.

파생어 kindly 친절하게, 호의적으로
유의어 goodwill 호의, 친절, 후의, 선의

158 reassure
[rìːəʃúər] 리어셜 · 동 안심시키다, 다시 자신을 갖게 하다

reassure of ~대해 안심시키다
His remarks reassured me.
그의 말을 듣고 안심하였다.

파생어 reassurance 안심시키기
      reassuringly 안심시키게

159 interval
[íntərvəl] 인터벌 · 몡 간격, 틈, 인타벌

at an interval of five years 5년의 간격을 두고
My friends show up at 10-minute intervals.
나의 친구들이 10분 간격을 두고 나타난다.

파생어 intervallic (두 사건 사이의) 간격

160 beforehand
[bifɔ́ːrhæ̀nd] 비포핸드 · 閏 미리, 앞질러

prepare beforehand 미리 준비를 갖추다
I knew his intention beforehand.
나는 그의 의도를 미리 알고 있었다.

유의어 already 이미, 벌써

🖤 MEMO

스스로의 힘으로 작성해 봅시다.

	English	Korean
01	beforehand	
02	branch	
03	clip	
04	cow	
05	endless	
06	graduation	
07	interval	
08	jumper	
09	kindly	
10	kindness	
11	lecture	
12	mobile	
13	narrator	
14	properly	
15	reassure	
16	recover	
17	silk	
18	spacious	
19	strip	
20	trap	

MEMO

161 landlord
[lǽndlɔ̀:rd] 랜드롤드 · 몡 주인, 집주인

have a new landlord 집주인이 바뀌다
I want to speak to the landlord directly.
집주인과 직접 이야기하고 싶다.

유의어 owner 주인, 소유자
householder 가옥 소유자, 호주, 세대주

162 ash
[æʃ] 애쉬 · 몡 재, 화산재

black volcanic ash 검은 화산재
The ash reached the skies over Denmark.
재가 덴마크의 하늘을 점령했다.

파생어 ashy 회색[회백색]의

163 tale
[teil] 테일 · 몡 이야기, 풍설, 소문

a tale of adventure 모험 이야기
I've heard tales of people seeing ghosts in that house.
나는 사람들이 그 집에서 귀신을 봤다는 이야기를 들었다.

파생어 tell (말·글로) 알리다[전하다], 말하다

164 with
[wið] 위드 · 쩐 ~와 함께, ~로, ~을 가지고, ~에, ~에 대하여

come with ~과 함께 오다
She lives with her parents.
그녀는 부모님과 함께 산다.

● MEMO

58

165 download
[dáunlòud] 다운로드

명 내려 받기, 다운로드
동 내려 받기 하다, 다운로드하다

download a file 파일을 다운받다
The website is offering free downloads of music.
이 웹사이트에서는 무료 음악을 다운받을 수 있다.

166 knob
[nab] 납

명 손잡이

the door knob 문의 손잡이
He is turning the knob.
그가 손잡이를 돌리고 있다.

167 dome
[doum] 돔

명 둥근 지붕, 돔구장, 돔

the concert held at the dome 돔구장에서 열린 콘서트
It will be the country's first domed stadium.
이것은 한국 최초의 돔구장이 될 것이다.

파생어 domy 돔(dome)(모양)의

168 decline
[dikláin] 디클라인

명 쇠퇴
동 거절하다, 기울다, 사절하다

in decline 쇠퇴하여
She declined with thanks.
그녀는 정중히 거절했다.

파생어 declining 기우는, 쇠퇴하는, 거절
   declinable 어형 변화가 되는, 격 변화가 있는

● MEMO

169 **phoenix** [명] 불사조
[fí:niks] 피닉스

rise like the phoenix from the ashes 불사조처럼 재생하다
We have to rise like a phoenix.
우리는 불사조처럼 다시 일어서야 한다.

170 **boycott** [명] 불매운동, 보이콧
[bɔ́ikat] 보이콧 [동] 보이콧하다

boycott an election 선거를 보이콧하다
Koreans declared a boycott against products of Japan.
한국인들은 일본 상품에 대하여 불매 동맹을 선언했다.

유의어 reject 거부하다, 거절하다

171 **margin** [명] 여백, 이문, 마진, 이익, 오차, 가장자리
[mɑ́:rdʒin] 말진

notes in the margin 여백에 써넣은 글
Your limit leaves me no margin.
당신이 부르는 값으로는 이익이 없다.

파생어 margina 가장자리의, 경계의, 변두리의
유의어 edge 가장자리, 모

172 **demonstrate** [동] 보이다, 입증하다, 시위하다 , 증명하다
[démənstrèit] 데먼스트레이트

demonstrate a scientific principle 과학적 원리를 증명하다
It has been demonstrated that this drug is effective.
이 약은 효과가 있는 것으로 입증되었다.

파생어 demonstration 시위, 시연, 데모, 표출
demonstrative 숨기지 않는[드러내 놓고 표현하는]

MEMO

173 **exhibition**
[èksibíʃən] 엑시비션   몡 전람, 전시회

a solo exhibition 개인전

His exhibitions have influenced many Korean youngsters.
그의 전시회는 많은 한국 젊은이들에게 영향을 끼쳤다.

파생어 exhibit 전시하다
유의어 presentation 프레젠테이션, 발표, 설명, 제출

174 **arrow**
[ǽrou] 애로우   몡 화살

a shower of arrows 빗발치는 화살

The road continues as straight as an arrow.
그 길은 화살처럼 계속 쭉 뻗어 있다.

파생어 arrowy 화살의, 화살 같은, 빠른
유의어 bolt 큰 화살

175 **cheap**
[tʃiːp] 칩   휑 값싼, 싸구려의

a cheap market 물건 값이 싼 시장

The country is in need of cheap fuels.
그 나라는 값싼 연료를 필요로 한다.

반의어 expensive 비싼, 돈이 많이 드는, 고가의
파생어 cheapness 염가, 값쌈

176 **concept**
[kánsept] 컨셉   몡 개념, 이해

an abstract concept 추상 개념

We began to understand the concept.
우리는 그 개념을 이해하기 시작했다.

파생어 conceptual 개념의, 개념 형성의, 개념상의
유의어 notion 개념, 생각

● MEMO

177 **secretary**
[sékritèri] 세크리터리   몡 비서, 장관

the secretary of the president 사장의 비서
For more information, call the secretary.
추가정보를 원하시면 비서에게 전화하세요.

파생어 secretaryship 서기관
     secretarial 비서직의, 비서 일의

178 **identity**
[aidéntiti] 아이덴티티   몡 동일함, 정체성, 신원 신분, 정체

admit one's identity 신원을 밝히다
Their identities became known.
그들의 정체가 탄로 났다.

파생어 identify 확인하다, 알아보다, 밝히다, 식별하다

179 **beak**
[bi:k] 빅   몡 부리, 주둥이

a pointed beak 날카로운 부리
The hen digs the ground with its sharp beak.
암탉은 날카로운 부리로 땅을 판다.

파생어 beaky 부리 모양의, 부리가 있는
유의어 proboscis 주둥이

180 **rule**
[ru:l] 룰   몡 규칙, 규정

a general rule 총칙(總則)
Sometimes we break the rules of grammar.
때때로 우리는 문법 규칙들을 어긴다.

파생어 ruler 통치자, 지도자, 왕, 지배자
     rulable 규칙상 허용되는

● MEMO

스스로의 힘으로 작성해 봅시다.

	English	Korean
01	arrow	
02	ash	
03	beak	
04	boycott	
05	cheap	
06	concept	
07	decline	
08	demonstrate	
09	dome	
10	download	
11	exhibition	
12	identity	
13	knob	
14	landlord	
15	margin	
16	phoenix	
17	rule	
18	secretary	
19	tale	
20	with	

MEMO

181 **toss** [동] 던지다, 토스하다
[tɔ:s] 토스

toss a coin 동전을 던지다
I tossed the book aside and got up.
나는 책을 한쪽에 던져 놓고 일어났다.

유의어 throw 던지다, 버리다, 가하다

182 **chemistry** [명] 화학, 화학 반응, 성적으로 강하게 끌리는 것
[kémistri] 케미스트리

nobel prize in chemistry 노벨 화학상
He slept at a chemistry lab.
그는 화학실험실에서 잠을 잤다.

파생어 chemical 화학적인, 화학물질, 화합물
chemically 화학적으로

183 **helper** [명] 협력자, 조수, 돕는 것, 조력자
[hélpər] 헬펄

hire a helper 조력자를 고용하다
The bull is still his best helper and friend.
황소는 여전히 그의 최고 조력자이며 친구이다.

파생어 help 돕다, 도움, 도와주다

184 **repeatedly** [부] 거듭, 되풀이하여, 여러 차례
[ripí:tidli] 리피티들리

repeatedly stressed 거듭 강조했다
He repeatedly failed to pass the exam.
그는 시험에 되풀이해서 실패했다.

파생어 repeat 반복하다, 따라하다, 다시 말하다, 되풀이되다
repetitious 자꾸 반복되는, 장황한, 지루한

MEMO

185 foul
[faul] 파울

- ⓗ 더러운, 파울의
- ⓜ 반칙

foul air 더러운 공기

This tastes foul.
이것은 맛이 역겹다.

파생어 foulness 불결, 입이 상스러움
foully 지저분하게

186 evergreen
[évərgrì:n] 에벌그린

- ⓗ 상록수의
- ⓜ 상록수, 늘푸른나무

Christmas evergreens 크리스마스 때 장식하는 상록수

This evergreen is used as a village guard.
이 상록수는 마을에 지킴이로 자리하고 있다.

187 chairperson
[tʃɛ́ərpə̀:rsn] 체얼펄슨

- ⓜ 의장, 위원장, 회장, 사회자

younger chairpersons 보다 젊어진 의장들

I was talking with Kang, the chairperson of the meeting,
나는 회의의 사회자인 강과 이야기 하고 있었다.

유의어 leader 지도자, 대표, 리더

188 anymore
[ènimɔ́:r] 애니모얼

- ⓦ 더 이상, 이제는, 지금은

cannot trust ~ anymore 더 이상 ~을 신뢰할 수 없다

He doesn't read comic books anymore.
그는 더 이상 만화책을 읽지 않는다.

● MEMO

189 bottom
[bátm] 바틈

® 밑 부분, 바닥

the bottom of a glass 유리잔 바닥
The economy will bottom out this year.
올해 경기가 바닥을 칠 것이다.

반의어 top 위, 최고인, 가장, 상위, 정상

190 differently
[dífərəntli] 디퍼런틀리

® 다르게, 같지 않게

differently abled 다른 능력을 가진
Boys and girls may behave differently.
남자 아이들과 여자 아이들은 다르게 행동할 수도 있다.

파생어 different 다른, 여러 가지의, 종류, 별개의, 독특한

191 couch
[kautʃ] 카우치

® 긴 의자, 소파, 카우치

a studio couch 침대 겸용 소파
A big couch makes the room special.
큰 소파로 방이 특별해 보인다.

192 cast
[kæst] 캐스트

® 배역, 캐스트, 주사위의 한번 던지기, 운수 재기
® 던지다, 투표하다

cast as ~역을 주다
Many Koreans cast a vote in the election.
많은 한국인들이 선거일에 투표했다.

● MEMO

193 **tune**
[tju:n] 튠

명 곡, 곡조, 선율
동 조율하다, 튠업하다

tune up (악기를) 조율하다

He was humming a familiar tune.
그가 귀에 익은 곡조를 흥얼거리고 있었다.

파생어 tuneful 듣기 좋은, 선율이 아름다운
   tuny 가락이 맞는, 선율적인, 음악적인

194 **cop**
[kap] 캅

명 경찰관, 순경

children playing cops and robbers 도둑과 순경놀이를 하는 아이들
Cops must be respected.
경찰은 존중받아야 한다.

195 **flood**
[flʌd] 플러드

명 홍수
동 홍수가 나다

homes washed away by floods 홍수에 휩쓸려간 집들
The heavy rain has caused floods in many parts of the country.
그 폭우로 인하여 나라 곳곳에 홍수가 났다.

유의어 deluge 대홍수, 범람
   downpour 억수, 호우

196 **blogger**
[blɔ́:gər] 블로거

명 블로거

a New York-based blogger 뉴욕에 사는 어느 블로거
I like sharing my knowledge with other bloggers.
나는 내 지식을 다른 블로거들과 공유하기를 좋아한다.

● MEMO

197 apart
[əpáːrt] 어파트
- 형 떨어진
- 부 떨어져, 별도로, 따로

walk apart 떨어져 걷다

Two nations are far apart.
두 나라는 멀리 떨어져 있다.

반의어 **together** 함께, 같이, 서로, 모두, 결합하여

198 reminder
[rimáindər] 리마인덜
- 명 주의, 조언, 상기시키는 것, 암시

significant reminder 의미심장한 암시

It was a timely reminder.
때맞춰 상기시켜 주었다.

파생어 **remind** 알려주다, 상기시키다, 생각나게 하다, 떠올리게 하다

199 newborn
[njúːbɔːrn] 뉴본
- 형 갓난, 신생의, 새로 태어난
- 명 신생아

a newborn baby 갓난아기

The father is very gentle with his newborn baby.
아버지는 갓 태어난 자식에게 아주 다정하다.

200 gallon
[ɡǽlən] 갤런
- 명 갤런

three gallons of warm water 따뜻한 물 3갤런

By ordering 200 gallons at a time, they got discount.
그들은 한번에 200갤런을 주문하여 할인받았다.

● MEMO

68

스스로의 힘으로 작성해 봅시다.

	English	Korean
01	anymore	
02	apart	
03	blogger	
04	bottom	
05	cast	
06	chairperson	
07	chemistry	
08	cop	
09	couch	
10	differently	
11	evergreen	
12	flood	
13	foul	
14	gallon	
15	helper	
16	newborn	
17	reminder	
18	repeatedly	
19	toss	
20	tune	

● MEMO

201 **reach** [동] 도착하다, 도달하다, 연락하다
[riːʧ] 리치

reach London 런던에 도착하다
You can reach me at any time.
언제라도 연락주세요.

파생어 reachable 가 닿을 수 있는, 도달 가능한
유의어 attain 도달하다, 이르다

202 **wolf** [명] 늑대, 이리
[wulf] 울프

a wolf in sheep's clothing 양의 탈을 쓴 늑대
A boy shouts wolf.
소년이 늑대라고 고함친다.

파생어 wolfish 늑대 같은

203 **heavenly** [형] 하늘의, 천체의, 천국의, 천상의, 신성한
[hévnli] 헤븐리

the Heavenly Father 하늘에 계신 아버지
She has a heavenly voice.
그녀는 천상의 목소리를 가졌다.

파생어 heavenliness 거룩함, 장엄, 지복(至福)

204 **flat** [형] 평평한, 평면, 납작한
[flæt] 플랫

a flat-screen TV 평면TV
People used to think the earth was flat.
옛날에는 사람들이 지구가 평평하다고 생각했다.

반의어 sharp 날카로운, 급격한, 샤프, 뾰족한, 뚜렷한
파생어 flatness 평탄, 편평함

MEMO

205 avatar
[ævətáːr] 아바탈

명 분신(分身), 화신(化身), 아바타

customize one's avatar 아바타를 꾸미다
I haven't changed my avatar yet.
아직까지 나의 아바타를 바꾸지 않았다.

206 stroke
[strouk] 스트로크

명 타격, 타법, (시계 등의) 치는 소리, 획, 뇌졸중
동 쓰다듬다, 치다, 때리다

draw a stroke 획을 긋다
They have health problems like strokes.
그들은 뇌졸중과 같은 건강 문제가 있다.

파생어 strike 치다, 부딪치다

207 nightlife
[náitlàif] 나잇라이프

명 밤의 생활, 밤의 유흥, 야간에 할 수 있는 오락

the Seoul nightlife scene 서울의 밤 문화 현장
This small city is full of energetic nightlife.
이 작은 도시는 에너지가 넘치는 밤 생활로 가득 차 있다.

208 handicapped
[hændikæpt] 핸디캡트

형 장애가 있는, 심신 장애의

a visually handicapped child 시각 장애 아동
This restroom is for the handicapped.
이 화장실은 장애인 전용이다.

● MEMO

209 **regional**
[ríːdʒənəl] 리저널

® 지역의, 지방의

regional **disharmony** 지역 간 불협화음
Following the regional elections, tensions were high.
지방선거 이후 긴장이 고조되었다.

파생어 **region** 지역, 지방, 지대
유의어 **provincial** 지방의, 시골의, 지방민의

210 **intermediate**
[ìntərmíːdiət] 인터미디에이트

® 중간의, 중급의
® 중간물

an intermediate **rank** 중간 계급
Classes are divided into beginning and intermediate levels.
강좌는 초·중급으로 나뉜다.

파생어 **intermediately** (두 가지 장소·사물·상태 등의) 중간의
유의어 **middle** 한가운데의, 중앙의, 중간의

211 **dew**
[djuː] 듀

® 이슬

be covered with dew 이슬이 맺히다
Dew appears on the leaves.
이슬이 잎사귀에 맺히다.

212 **regulate**
[régjulèit] 레귤레이트

⑧ 규제하다, 통제하다, 조절하다

regulate **the temperature** 온도를 조절하다
The height of buildings will be regulated.
건물 높이가 규제될 것이다.

파생어 **regularly** 규제[단속]력을 지닌
　　　regulation 규정

● MEMO

213 novelist
[návəlist] 나블리스트   몡 소설가

noted novelist 유명한 소설가
He is a novelist of real talent.
그는 진짜 재능 있는 소설가이다.

214 cluttering
[klʌ́təriŋ] 클러터링   몡 어지럽게 하기, 잡동사니, 어수선함

feel bad about cluttering 어질러진 것이 마음에 걸리다
There was a clutter of bottles and tubes on the shelf.
선반 위에는 병과 통들이 어수선하게 널려 있었다.

유의어 mess 난장판, 지저분하다

215 hop
[hap] 합   몡 깡충깡충 뜀
                 통 깡충 뛰다, 뛰어 움직이다

hop into a car 차에 뛰어오르다
He crossed the hall with a hop, skip and a jump.
그는 깡충, 껑충, 휙휙 뛰며 홀을 가로질러 갔다.

유의어 jump 점프, 증가하다, 뛰다, 뛰어들다

216 criminal
[kríminəl] 크리미널   혱 범죄의, 형사상의
                 몡 범죄자 crime(범죄)

a criminal case 형사 사건
Some of their actions is criminal.
그들의 일부 행동은 범죄행위이다.

파생어 crime 범죄, 범행
      criminate ~에게 죄를 지우다

● MEMO

217 skip
[skip] 스킵

⑧ 건너뛰다, 거르다, 생략하다

skip a page 한 페이지를 건너뛰다

I often skip breakfast altogether.
나는 자주 아침을 완전히 거른다.

파생어 **skippable** 생략할 수 있는, 중요하지 않은

218 dull
[dʌl] 덜

⑧ 무딘, 둔한, 우둔한, 흐릿한, 우둔한

dull eyes 흐리멍덩한 눈

The horse looks slow and dull.
그 말은 느리고 우둔해 보인다.

반의어 **sharp** 날카로운, 예리한, 잘 드는
파생어 **dullness** 둔함, 둔감, 멍청함, 아둔함

219 specific
[spisífik] 스페시픽

⑧ 구체적인, 특정한

for a specific reason 구체적인 이유로

You have something to do at a specific time.
너는 특정 시간에 해야 할 일이 있다.

반의어 **general** 대략적인
파생어 **specifically** 특히, 구체적으로, 명확하게

220 connect
[kənékt] 커넥트

⑧ 연결하다, 접속하다

connect a hose to a faucet 호스를 수도꼭지에 연결하다

It is easy to get connected to the internet.
인터넷 접속은 쉽다.

파생어 **connection** 연결, 관계, 관련, 접속, 연줄
유의어 **join** 참여하다, 가입하다

● MEMO

74

스스로의 힘으로 작성해 봅시다.

	English	Korean
01	avatar	
02	cluttering	
03	connect	
04	criminal	
05	dew	
06	dull	
07	flat	
08	handicapped	
09	heavenly	
10	hop	
11	intermediate	
12	nightlife	
13	novelist	
14	reach	
15	regional	
16	regulate	
17	skip	
18	specific	
19	stroke	
20	wolf	

● MEMO

221 cathedral
[kəθíːdrəl] 캐써럴

명 대성당

St Paul's Cathedral 런던에 있는 세인트 폴 대성당
The cathedral was built in the thirteenth century.
이 성당은 13세기에 세워졌다.

222 ax
[æks] 액스

명 도끼, 해고, 속셈

shoulder an ax 도끼를 어깨에 짊어지다
Charles has an ax to grind.
찰스에게는 딴 속셈이 있다.

223 forefinger
[fɔ́ːrfiŋɡər] 포얼핑걸

명 집게손가락, 검지

the V-sign formed by your forefinger and middle finger
집게 손가락과 가운데 손가락으로 만든 V자 사인

My left forefinger got hurt.
나의 왼쪽 집게손가락을 다쳤다.

224 sensitive
[sénsətiv] 센서티브

형 민감한, 감성적인, 섬세한

sensitive skin 민감한 피부
It is time to approach more sensitive subjects.
좀 더 민감한 주제에 접근할 때이다.

파생어 sense 감각, 의미, 느끼다, 의식, 감지하다

● MEMO

225 **painkiller**
[péinkìlər] 페인킬럴 · 몡 진통제

take a painkiller 진통제를 먹다
The painkillers must be controlled.
진통제는 관리가 필요하다.

226 **ghost**
[goust] 고스트 · 몡 유령, 귀신, 혼

ghost story 유령 이야기
Are you afraid of ghosts?
유령을 무서워 하니?

파생어 ghosty 무시무시한, 섬뜩한
유의어 phantom 유령, 허깨비, 환영의

227 **folder**
[fóuldər] 폴덜 · 몡 접는 사람, 접는 광고지, 서류철, 폴더

hand someone a folder ~에게 폴더를 건네주다
The boss found some pictures in the blue folder.
사장은 파란 서류철에서 사진 몇 장을 발견했다.

파생어 fold 접다, 쇠약해지다, 개다
　　　 unfold 전개하다, 진행되다, 일어나다

228 **pool**
[pu:l] 풀 · 몡 웅덩이, 수영장, 풀, 공동 사용

a rock pool 바위 사이의 웅덩이
The dog is barking by the pool.
그 개가 수영장 옆에서 짖고 있다.

● MEMO

229 **spin**
[spin] 스핀

[명] 회전, 스핀
[동] 잣다, 돌리다 spin-span-spun

spin wool into yarn 양모를 실로 잣다

The plane was spinning out of control.
그 비행기는 제어가 안 되는 채 회전하고 있었다.

[유의어] turn 돌리다, 바꾸다, 전환하다
rotate 회전시키다

230 **display**
[displéi] 디스플레이

[명] 전시, 디스플레이
[동] 전시하다, 진열하다

display goods 상품을 전시하다

Various styles of suits are being displayed in the shopwindows.
여러 가지 모양의 옷이 쇼윈도에 진열되어 있다.

[파생어] displayer 전시[진열]하다, 내보이다
[유의어] show 보이다, 보여주다, 나타내다

231 **clown**
[klaun] 클라운

[명] 어릿광대, 피에로

look like a clown 어릿광대처럼 보이다

The man calls himself a clown.
그 남자는 피에로라고 자칭한다.

[파생어] clownery 익살, 어릿광대짓
clownish 광대[바보] 같은

232 **crosswalk**
[krɔ́:swɔ̀:k] 크로스워크

[명] 횡단보도

stand at the crosswalk 횡단보도에 서 있다

The crosswalk is a low-speed driving area.
횡단보도는 서행 운전 지역이다.

MEMO

233 laughter
[lǽftər] 래프터

명 웃음, 웃음소리, 웃는 모양

understand his laughter 그의 웃음을 이해하다
Laughter is the best medicine.
웃음이 최고의 명약이다.

파생어 laugh 웃다, 웃음, 비웃다, 재미있어하다

234 laziness
[léizinis] 레이지니스

명 게으름, 나태함, 느릿느릿함

tax a person with laziness 남을 태만하다고 책망하다
The bad thing about him is his laziness.
그에 대한 나쁜 점은 게으름이다.

235 stereotype
[stériətàip] 스테리어타잎

명 틀에 박힌 생각, 고정관념, 스테레오타입

sex role stereotype 성 역할 고정관념
They have stereotypes about foreigners.
그들은 외국인에 대한 고정관념을 가지고 있다.

파생어 stereotypic 연판의, 연판 인쇄의
유의어 formula 판에 박은 말, 상투적인 문구

236 physics
[fíziks] 피직스

명 물리, 물리학

the general laws of physics 물리학의 일반 법칙들
Chemistry is better than physics.
화학이 물리보다 낫다.

파생어 physical 육체[신체]의

● MEMO

237 career
[kəríər] 커리얼

명 경력, 직업, 사회생활

make a career 경력을 쌓아 나가다
She started her career as an English teacher.
그녀는 영어 교사로 사회생활을 시작했다.

파생어 careerism 출세 제일주의, 입신 출세주의
유의어 job 직무, 일, 직업, 일자리

238 exterior
[ikstíəriər] 익스테리얼

형 외부의
명 외부

the importance of building exterior 건물 외부의 중요성
The exteriors are under construction.
외부는 공사 중이다.

반의어 interior 실내, 내부, 인테리어
파생어 exteriorize 외면화하다, 구체화하다

239 unbelievable
[ʌnbilíːvəbl] 언빌리버블

형 믿을 수 없는, 믿기 어려운

an unbelievable fact 믿을 수 없는 사실
The cold was unbelievable.
추위가 믿을 수 없을 정도로 극심했다.

파생어 believe 믿다, 생각하다, 신뢰하다
유의어 impossible 불가능한, ~할 수 없는, 있을 수 없는

240 anger
[ǽŋgər] 앵걸

명 화, 분노 동 화나게 하다

be filled with anger at ~에 몹시 화나다
The boy's disobedience angered his father.
그 애가 말을 듣지 않으므로 아버지는 화를 내셨다.

반의어 calmness 고요, 평온, 냉정, 침착
유의어 rage 격노, 분격, 분노

● MEMO

스스로의 힘으로 작성해 봅시다.

	English	Korean
01	anger	
02	ax	
03	career	
04	cathedral	
05	clown	
06	crosswalk	
07	display	
08	exterior	
09	folder	
10	forefinger	
11	ghost	
12	laughter	
13	laziness	
14	painkiller	
15	physics	
16	pool	
17	sensitive	
18	spin	
19	stereotype	
20	unbelievable	

MEMO

241 dump
[dʌmp] 덤프

(명) 쓰레기 더미
(동) 버리다, 쾅 내려놓다, 헤어지다

garbage dump 쓰레기 처리장
Too much toxic waste is being dumped at sea.
너무나 많은 유독성 폐기물이 바다에 버려지고 있다.

파생어 **dumper** 유독 물질 무단 투기꾼

242 earring
[íərìŋ] 이어링

(명) 귀걸이, 귀걸이

lose her earring 그녀의 귀걸이를 잃어버리다
She was on hands and knees looking for an earring.
그녀는 무릎을 꿇고 기어 다니며 귀고리를 찾고 있었다.

243 relationship
[riléiʃənʃip] 릴레이션쉽

(명) 관계, 관련

build better relationships 더 나은 관계를 맺다
An unhealthy relationship led to my low grades.
불건전한 관계 때문에 내 성적이 내려갔다.

파생어 **relation** 관계, 관련, 연관, 친척

244 portal
[pɔ́:rtl] 포틀

(명) 포털(사이트), 대문, 정문, 통로

the portal to the temple 사원의 문
This portal is about to open for students.
이 학생용 포털은 곧 서비스를 시작할 것이다.

● MEMO

245 **elite**
[ilíːt] 일리트
명 정예(精銳), 엘리트, 최상류층 사람들

elite soldiers 정예군인들

The traditional game was enjoyed by the elite class.
그 전통 경기는 상류층이 즐겼다.

반의어 rabble 어중이떠중이, 오합지졸, 폭도들
유의어 nobility 귀족, 귀족 출신

246 **cart**
[kaːrt] 칼트
명 짐수레, 카트, 마차

cart away the rubbish 쓰레기를 짐수레로 실어가다

The man is pushing a cart.
남자가 카트를 밀고 있다.

파생어 carter 짐마차꾼
유의어 carry 휴대하다, 싣다, 옮기다, 운반하다, 갖다

247 **cemetery**
[sémitèri] 세미터리
명 (공동) 묘지, 매장지

a national cemetery 국립 묘지

I saw a ghost in the cemetery last summer.
나는 지난여름 공동묘지에서 유령을 보았다.

유의어 graveyard 묘지, 묘소

248 **messenger**
[mésindʒər] 메신절
명 심부름꾼, 전령, 메신저

send a messenger 전령을 보내다

Swallows are called the 'messenger of spring.'
제비는 '봄의 전령'이라고 불린다.

● MEMO

249 **fear**
[fiər] 피얼

(명) 무서움, 두려움, 불안, 근심
(동) 염려하다

fear for ~을 염려하다

His fear will disappear sooner or later.
그의 두려움은 조만간 사라질 것이다.

파생어 **fearful** 두려워하는, 무서운, 우려되는
유의어 **worry** 걱정하다, 우려하다

250 **canvas**
[kǽnvəs] 캔버스

(명) 캔버스, 화폭

require ink, a paintbrush and canvas 잉크와 그림붓, 캔버스가 필요하다

The painter had mud and ink rubbed on the canvas.
화가는 캔버스에 진흙과 잉크를 문질렀다.

251 **lighthouse**
[láithàus] 라잇하우스

(명) 등대

a lighthouse keeper 등대지기

The lighthouse is 30-meter high.
그 등대는 높이가 30m이다.

252 **response**
[rispáns] 리스판스

(명) 응답, 반응, 대답

make a response 대답하다

Her response to the news was too emotional.
뉴스에 대한 그녀의 반응은 너무나 감정적이었다.

파생어 **respond** 반응하다, 대응하다, 답하다, 응답하다
유의어 **answer** 답하다, 대답, 응답하다

● MEMO

253 **sprinkle**
[spríŋkl] 스프링클

[동] 뿌리다, 물을 주다

sprinkle water on the street 길에 물을 뿌리다
She sprinkled sugar over the strawberries.
그녀는 딸기 위에 설탕을 뿌렸다.

254 **per**
[pər] 펄

[전] ~에 대하여, ~당, ~마다

per head 한 사람 당
How much are carrots per pound?
당근은 1파운드에 얼마입니까?

255 **sudden**
[sʌ́dn] 써든

[형] 갑작스러운
[명] 돌연

a sudden shower 소나기
Don't make any sudden movements.
어떤 갑작스러운 동작도 하지 말아라.

파생어 suddenly 갑자기, 순식간에

256 **spark**
[spa:rk] 스팔크

[명] 불꽃, 스파크, 생기
[동] 불꽃이 튀다, 야기하다

the spark of life 생명의 생기
A shower of sparks flew up the chimney.
수많은 불꽃이 굴뚝 위로 날아 올라갔다.

파생어 sparkish 불꽃이 일지 않는, 스파크가 일어나지 않는

MEMO

257 volume
[vάlju:m] 볼륨

® 양, 권, 부피, 볼륨

the volume of the radio 라디오의 볼륨
It consists of three volumes.
그것은 3권으로 구성되어 있다.

파생어 voluminous 아주 길고 상세한, 방대한
유의어 quantity 양, 수량, 양적인, 다량

258 brew
[bru:] 브루

⑧ 끓이다, 양조하다

the coffee he brews 그가 끓이는 커피
Tea is brewed in boiling water.
차는 물을 끓여서 달인다.

파생어 brewage 양조주[음료], 맥주, 양조(법)
유의어 boil 끓다

259 sculpture
[skΛlptʃər] 스컬쳘

® 조각, 조각품

a marble sculpture of Venus 비너스 대리석 조각품
He collects modern sculpture.
그는 현대 조각품을 수집한다.

파생어 sculpt 조각하다
    sculpturesque 조각식의, 조각물과 같은

260 negative
[négətiv] 네거티브

®부정적인, 네거티브

a negative response to the question 그 질문에 대한 부정의 대답
My mind is filled with negative feelings.
나의 마음은 부정적인 느낌으로 가득 찼다.

반의어 positive 긍정적인, 확신있는
파생어 negate 무효화하다, 효력이 없게 만들다

● MEMO

86

스스로의 힘으로 작성해 봅시다.

	English	Korean
01	brew	
02	canvas	
03	cart	
04	cemetery	
05	dump	
06	earring	
07	elite	
08	fear	
09	lighthouse	
10	messenger	
11	negative	
12	per	
13	portal	
14	relationship	
15	response	
16	sculpture	
17	spark	
18	sprinkle	
19	sudden	
20	volume	

● MEMO

261 ceremony
[sérimòuni] 세리머니

명 의식, 의례, 식

a very simple ceremony 매우 간단한 의식
She is busy preparing for the wedding ceremony.
그녀는 결혼식을 준비하느라 분주하다.

파생어 **ceremonial** 의식[예식]의
ceremonious 지나치게 격식을 갖춘[형식적인]

262 jump
[dʒʌmp] 점프

명 점프
동 도약하다, 점프하다, 뛰다, 뛰어오르다, 증가하다

jump on a moving bus 달리는 버스에 뛰어오르다
Korea recorded a 10% jump in imports.
한국은 10%의 수입증가를 기록했다.

파생어 **jumpy** 조마조마한
jumpingly 도약(하는)

263 generation
[dʒènəréiʃən] 제너레이션

명 세대(世代), 발생

a generation ago 한 세대 전(30년쯤 전)
It is a secret passed down through generations.
그것은 여러 세대를 거쳐 내려온 비밀이다.

파생어 **generate** 발생시키다, 만들어 내다
generative 발생의, 생성의

264 season
[síːzn] 씨즌

명 계절, 시즌
동 맛을 들이다, 익숙하게 하다, 양념을 하다

the hunting season 사냥 시즌
What is your favorite season?
가장 좋아하는 계절은?

파생어 **seasoner** 양념하는 사람, 조미료, 양념
seasonal 계절적인, 계절에 따라 다른

🍑 MEMO

265 draft
[dræft] 드래프트

명 초안, 초고, 징병, 드래프트제
동 뽑다, 징병하다

get draft**ed to fight** 징집되어 싸우러 가다

This draft **is designed to make the classroom warmer.**
이 초안은 교실을 따뜻하게 하기 위해 고안되었다.

파생어 drafting 제도, 선발, 기초
유의어 design 설계하다, 디자인, 구현, 만들다, 계획

266 department
[dipá:rtmənt] 디팔트먼트

명 과, 부서, 매장

the furniture department 가구 매장

Let me give you a brief introduction to the Department **of Psychology.**
심리학과에 대해 간단히 소개를 드리고자 합니다.

파생어 departmental 각 부의, 부문의, 각 분과의

267 decade
[dékeid] 데케이드

명 십년(=10 years)

the last decade **of this century** 금세기 말의 10년

The population has doubled in the last decade.
인구는 지난 10년 동안에 두 배로 늘었다.

파생어 decadal 10(년간)의

268 prevent
[privént] 프리벤트

동 막다, 방해하다, 예방하다

prevent **misfortune** 불행을 예방하다

Good food can help prevent **cancer.**
좋은 음식은 암을 예방하는 데 도움이 될 수 있다.

파생어 prevention 예방, 방지
유의어 block 차단, 막다

● MEMO

269 handle
[hǽndl] 핸들

명 손잡이, 핸들
동 다루다, 손을 대다

fix a handle 손잡이를 달다

Actually, he doesn't know how to handle them.
실제 그는 그들을 다루는 법을 모른다.

파생어 handling 취급, 취급의, 손으로 만지기

270 dance
[dæns] 댄스

명 춤
동 춤추다

dance to a tune 곡에 맞추어 춤추다

I love singing and dancing.
나는 노래부르는 것과 춤추는 것을 좋아한다.

파생어 dancer 춤을 추는 사람, 춤꾼, 무용수, 댄서
danceable 댄스에 알맞은, 댄스용의

271 fuel
[fjú:əl 퓨얼

명 연료
동 연료를 공급하다

fuel the tank 탱크에 연료를 공급하다

Oil is used for fuel vehicles, diesel fuel, and more.
석유는 연료 차량, 디젤 연료 등에 사용된다.

파생어 fueler 연료 공급자[장치]

272 offer
[ɔ́:fər] 오펄

명 제공
동 제공하다, 제시하다

get the best offers 최고의 제시를 받다

He offers an animal as an example.
그는 동물을 본보기로 제시한다.

반의어 order 명령하다, 질서, 주문하다

● MEMO

273 **gossip**
[gάsp] 가십

® 소문, 잡담, 가십, 가벼운 이야기

have a good old gossip 그리운 옛날 이야기를 하다
Don't gossip.
잡담하지 마세요.

파생어 gossiper 소문, 험담
gossipy 말하기 좋아하는, 수다스러운

274 **grab**
[grǽb] 그랩

® 붙잡다, 부여잡다, 움켜쥐다, 놓치지 않고 잡다

a goalkeeper who tried to grab **the ball** 볼을 잡으려 하는 골키퍼
He grabbed **the second spot at the contest.**
그는 대회에서 2등을 차지했습니다.

파생어 grabber 부여잡는 사람, 강탈자
유의어 catch 잡다, 받다, 걸리다, 체포하다

275 **diary**
[dáiəri] 다이어리

® 일기, 수첩,

a desk diary 탁상용 메모장
Don't forget to keep a diary **every day.**
매일 일기 쓰는 것을 잊지 마라.

파생어 diarial 일기(체)의
유의어 journal 일지, 일기

276 **cut**
[kʌt] 컷

® 절단, 삭감, 감축, 인하
® 자르다, 베다

the price cuts 가격 인하
I cut **my finger on a piece of glass.**
유리 조각에 손을 베였다.

파생어 cutting 오려낸 것, 절단

● MEMO

277 **viewer** [명] 보는 사람, 시청자, 관객, 방청객
[vjúːər] 뷰얼

heavy viewers 텔레비전을 많이 보는 사람

Viewers watched movie stars arriving.
시청자들이 영화배우들이 도착하는 것을 지켜보았다.

파생어 review 평가, 재검토, 리뷰

278 **frank** [형] 솔직한, 명백한
[fræŋk] 프랭크

frank mistake 명백한 잘못

Being frank, I like her.
솔직히 말해서 나는 그녀를 좋아한다.

파생어 frankness 솔직함, 정직, 솔직
rearrange 재배열하다, 재조정, 개편

279 **arrange** [동] 정리하다, 주선하다, 준비하다
~을 가지런히 하다, ~하도록 조처하다
[əréindʒ] 어레인지

arrange one's hair 머리를 다듬다

Please arrange for a single room.
1인실을 준비해 주세요.

파생어 arrangement 배열, 합의, 준비
유의어 organize 조직하다, 구성하다

280 **ox** [명] 황소
[aks] 악스

bigger than the ox 그 황소보다 더 큰

A farmer saw an old ox in the field.
한 농부가 들판에 있는 늙은 황소를 보았다.

MEMO

스스로의 힘으로 작성해 봅시다.

	English	Korean
01	arrange	
02	ceremony	
03	cut	
04	dance	
05	decade	
06	department	
07	diary	
08	draft	
09	frank	
10	fuel	
11	generation	
12	gossip	
13	grab	
14	handle	
15	jump	
16	offer	
17	ox	
18	prevent	
19	season	
20	viewer	

● MEMO

281 **memorable**
[mémərəbl] 메머러블   웹 기억할 만한, 인상적인, 중요한

a memorable teacher   기억에 남는 선생님

You made my day memorable.
덕택에 기억에 남을 만한 하루가 되었네요.

파생어 **memory** 기억, 메모리, 추억

282 **sadness**
[sǽdnis] 새드니스   웹 슬픔

find our hope in sadness   슬픔 속에서 우리의 희망을 찾다

It was a great sadness to his family.
그것은 그의 가족에게 있어서 굉장한 슬픔이었다.

파생어 **sad** 슬픈, 안타까운

283 **nor**
[nɔ́ːr] 노얼   웹 ~도 또한 …않다, 그리고 ~않다

neither happy nor sad   행복하지도 슬프지도 않은

They neither hurt the babies, nor put them in danger.
그들은 아기를 다치게 한다거나, 위험에 빠뜨리지 않습니다.

284 **academy**
[əkǽdəmi] 아카데미   웹 학원, 협회

study arts at a Hongdae academy   홍대 앞 학원에서 미술 공부를 하다

Kim heads the Academy of Korean Studies.
김은 한국학중앙연구원 원장이다.

파생어 **academic** 학업의, 학문적인, 학구적인

● MEMO

285 second
[sékənd] 세컨드
- 휑 두 번째의
- 명 두 번째, 초, 순간

the second text message 두 번째 문자
She can run 100 metres in just over 15 seconds.
그녀는 100미터를 15초가 조금 넘는 시간에 달릴 수 있다.

파생어 **secondly** 둘째로, 두 번째로

286 equal
[íːkwəl] 이퀄
- 휑 동등한, 동일한, 같은
- 동 같다, 맞먹다

an equal number of players 같은 숫자의 선수들
There is an equal number of boys and girls in the room.
그 방에는 동일한 숫자의 남녀가 있다.

파생어 **equally** 똑같이, 마찬가지로, 동등하게
유의어 **same** 같은, 똑같은, 동일한

287 reject
[ridʒékt] 리젝트
- 동 거절하다, 거부하다

about rejecting her help 그녀의 도움을 거절하는 것에 대해
I wonder how he got rejected.
나는 그가 어떻게 거부되었는지 궁금하다.

파생어 **rejection** 거부, 거절
유의어 **refuse** 거부하다, 거절하다

288 critical
[krítikəl] 크리티컬
- 휑 비판적인, 중요한

a critical opinion 비판적 의견
The match will be critical for every single player.
그 경기는 모든 선수에게 중요할 것이다.

파생어 **criticize** 비난하다, 비판하다
유의어 **important** 중요한, 주요한, 중대한

● MEMO

289 **expert**
[ékspə:rt] 엑스퍼트

몡 전문가

ask an expert a question 전문가에게 질문하다
She is an expert on education.
그녀는 교육 전문가이다.

파생어 expertise 전문적 기술
유의어 professional 전문의, 프로의

290 **underwater**
[ʌndərwɔ́:tər] 언더워럴

혱 수면하의, 수중의
閉 물속에 몡 물속, 해저

the underwater tunnel 해저 터널
The homes are now underwater.
집들이 지금 물속에 있다.

파생어 water 물

291 **factory**
[fæktəri] 팩토리

몡 공장

work at a factory 공장에서 일하다
Today the factory manager was absent.
오늘 공장장이 결근했다.

292 **nervous**
[nə́:rvəs] 널버스

혱 초조한, 긴장된, 불안한

nervous about ~에 불안해 하는
Presentation always makes me nervous.
나는 발표하는 자리에 가면 항상 긴장한다.

파생어 nerve 신경, 용기, 긴장
　　　nervously 신경질적으로, 힘차게, 초조하게

● MEMO

293 closely
[klóusli] 클러우즐리

(부) 접근하여, 면밀히, 밀접하게, 엄중히

examine closely 면밀히 살펴보다
They watched him closely.
그들은 그를 엄중히 감시했다.

파생어 close 가까운, 닫다
유의어 directly 직접적으로, 곧바로

294 training
[tréiniŋ] 트레이닝

(명) 훈련, 교육, 트레이닝

a special training program 특별 훈련프로그램
She usually plays puzzles and brain training games.
그녀는 주로 퍼즐과 두뇌 트레이닝 게임을 한다.

파생어 train 훈련하다, 교육하다, 열차

295 apron
[éiprən] 에이프런

(명) 앞치마, 행주치마, 에이프런

100% cotton aprons 순면 행주치마
Don't forget to wear an apron when you make kimchi.
김치 담글 때 앞치마 두르는 것을 잊지 말아라.

파생어 aproned 앞치마를 두른

296 whisper
[wíspər] 위스펄

(명) 속삭임
(동) 속삭이다, 귓속말을 하다

whisper to each other 귓속말을 주고받다
The Chinese spoke in a whisper: Where are you from?
그 중국인은 "어디서 오셨어요?"라고 귓속말로 물었다.

반의어 shout 외치다, 큰 소리로 부르다
파생어 whisperer 속살거리는 사람, 고자질하는 사람

● MEMO

297 payment [명] 지불, 납입, 대금
[péimənt] 페이먼트

a means of payment 지불 수단
There will be a penalty for late payment of bills.
공과금 지불이 늦는 데 대해서는 벌금이 있다.

[파생어] pay 지불하다, 임금, 지급하다, 갚다
[유의어] cost 비용, 가격

298 photograph [명] 사진, 촬영
[fóutəgræ̀f] 포토그래프

get a photograph enlarged 사진을 확대하다
The top photograph was taken by a Korean tourist.
위 사진은 한 한국인 관광객이 찍은 것이다.

[파생어] photographer 사진사, 사진찍는 사람

299 accessory [명] 부속품, 장식, 장신구, 액세서리
[æksésəri] 액세서리

car parts and accessories 자동차 부품 및 액세서리
The scarf became a women's fashion accessory.
스카프는 여성용 패션 액세서리가 되었다.

[파생어] accessorial 보조적인, 부대적인
accessorily 보조적으로

300 settle [동] 머물다, 정착하다, 해결하다
[sétl] 세틀

hope to settle that issue 그 문제의 해결을 바라다
She settled in Vienna after her father's death.
그녀는 아버지가 돌아가신 후 비엔나에 정착했다.

MEMO

스스로의 힘으로 작성해 봅시다.

	English	Korean
01	academy	
02	accessory	
03	apron	
04	closely	
05	critical	
06	equal	
07	expert	
08	factory	
09	memorable	
10	nervous	
11	nor	
12	payment	
13	photograph	
14	reject	
15	sadness	
16	second	
17	settle	
18	training	
19	underwater	
20	whisper	

MEMO

301 cowardly
[káuərdli] 카월들리

[형] 겁 많은, 소심한, 비겁한, 비열한

a cowardly conduct 비겁한 행위

Then, the navy officers were cowardly.

당시 해군 장교들은 비겁했다.

반의어 brave 용감한, 용기, 무릅쓰다

유의어 afraid 두려운, 무서워하여

302 figure
[fígjər] 피결

[명] 수치, 모습, 풍모, 풍채, 인물, 그림

a fine figure of a man 풍채가 멋진 사람

That figure was updated to 1 million.

그 수치가 1백만으로 업데이트 되었다.

파생어 figuration 형상, 비유적 표현, 장식

303 crowd
[kraud] 크라우드

[명] 군중, 사람들, 무리

walked through the crowd 군중들 사이를 헤치면서 걸었다

She pushed his way through the crowd.

그녀는 사람들 사이를 밀치며 앞으로 나아갔다.

파생어 crowded 붐비는, 혼잡한, 가득 차서

304 found
[faund] 파운드

[동] 설립하다, 발견했다, 찾아냈다

to found a company 회사를 설립하다

He will found the company next month.

그는 다음 달에 회사를 설립할 것이다.

파생어 founder 설립자, 창업자, 창시자

유의어 start 시작하다, 처음, 출발하다

MEMO

305 **coral**
[kɔ́:rəl] 코럴
명 산호

efforts to protect coral reefs 산호초를 보호하기 위한 노력
Mom is proud of a coral necklace.
엄마는 산호 목걸이를 자랑스러워한다.

파생어 coralline 산호질의, 산호 모양의

306 **Pacific**
[pəsífik] 퍼시픽
형 태평양의, 평화로운
명 태평양

the northern Pacific 북태평양
Harry worked for Cathay Pacific Airways.
해리는 캐세이 퍼시픽 항공에서 근무했다.

유의어 peaceful 평화적인, 평화로운, 편안한

307 **anyway**
[éniwèi] 애니웨이
부 어쨌든, 아무튼, 좌우지간

finish school anyway 어쨌거나 학교를 끝마치다
Anyway, I didn't find him.
어쨌든 그를 찾지 못했다.

308 **clue**
[klu:] 클루
명 실마리, 단서

find a clue to the solution of a problem 문제 해결의 단서를 발견하다
The car disappeared without any clue.
차가 어떤 단서 하나 남기지 않고 사라져 버렸다.

유의어 suggestion 암시, 시사, 넌지시

● MEMO

309 await
[əwéit] 어웨잇

(통) 기다리다

await a favorable change of circumstances 사태가 호전되기를 기다리다
An adventure awaits you.
모험이 여러분을 기다리고 있다.

310 frontier
[frʌntíər] 프런티얼

(명) 국경, 변경

the last frontier 마지막 변경
Figueres is on the frontier with France.
피게레스는 프랑스와 국경을 접하고 있다.

311 cube
[kju:b] 큐브

(명) 입방체, 정육면체, 세제곱
(통) (수를) 세제곱하다

extract the cube root 세제곱근 풀이하다
The Nissan Cube was sold in the U.S.
닛산 큐브차가 미국에서 판매되었다.

파생어 cubic 입방체의
cubical 입방체의, 정육면체의

312 merit
[mérit] 메릿

(명) 장점, 공적, 가치

a work of outstanding artistic merit 예술적 가치가 뛰어난 작품
The old car is not without its merits.
그 낡은 차가 장점이 없는 것은 아니다.

파생어 advantage 유리, 이익, 득

● MEMO

313 **portable**
[pɔ́ːrtəbl] 포터블

형 휴대 가능한

a portable phone 휴대전화
The tablet PC is also like a portable computer.
태블릿 PC 또한 휴대용 컴퓨터와 같다.

파생어 portability 휴대할 수 있음
portably 휴대[이동]가 쉬운, 휴대용의

314 **superior**
[supíəriər] 슈피어리얼

형 우월한, 우수한

far superior to the junior high school 그 중학교보다 훨씬 우수한
They all appreciated his absolute and superior skills.
그들 모두는 그의 완벽하고 우월한 기술을 인정했습니다.

반의어 inferior 열등한, 질이 떨어지는
파생어 superiorly 빼어나서, 우세하게, 탁월하여

315 **straw**
[strɔː] 스트로우

명 짚, 지푸라기, 빨대

a straw hat 밀짚모자
The scarecrow is made of straw.
그 허수아비는 볏짚으로 만들어 졌다.

파생어 strawy 짚의, 짚 같은

316 **afternoon**
[æ̀ftərnúːn] 애프터눈

명 오후

a boring afternoon 무료한 오후
One afternoon, the bell rang.
어느 날 오후 초인종이 울렸다.

● MEMO

317 lane
[lein] 레인   명 좁은 길, 골목길, 샛길

a blind lane   막다른 골목

We drove along a muddy lane to reach the farmhouse.
우리는 좁은 진창길을 따라 달려 그 농가에 이르렀다.

유의어 road 길, 도로

318 together
[tugéðər] 투게덜   부 같이, 동시에, 함께

occur together   동시에 발생하다

I saw them study together at the reading room.
나는 독서실에서 그들이 함께 공부하는 것을 봤다.

반의어 separately 따로따로, 개별적으로
파생어 togetherness 단란함

319 lifetime
[láiftàim] 라이프타임   명 일생, 평생

the happiest moment in her lifetime   그녀의 일생에서 가장 행복한 순간

Vivaldi wrote over 500 concertos in his lifetime.
비발디는 평생 동안 500곡 이상의 협주곡을 썼다.

유의어 life 삶, 생명, 생활, 인생

320 stove
[stouv] 스토브   명 난로, 스토브, 가스레인지

put a saucepan over a hot stove   뜨거운 가스레인지에 소스냄비를 올리다

Wood-burning stoves keep you warm in winter.
장작난로는 겨울을 따뜻하게 해 준다.

🔴 MEMO

스스로의 힘으로 작성해 봅시다.

	English	Korean
01	afternoon	
02	anyway	
03	await	
04	clue	
05	coral	
06	cowardly	
07	crowd	
08	cube	
09	figure	
10	found	
11	frontier	
12	lane	
13	lifetime	
14	merit	
15	Pacific	
16	portable	
17	stove	
18	straw	
19	superior	
20	together	

MEMO

321 umbrella
[ʌmbrélə] 엄브렐러

명 우산, 양산

a folding umbrella 접는 우산
If it were not for the umbrella, I couldn't go out.
나는 우산이 없으면 외출할 수 없다.

322 stomach
[stʌ́mək] 스터먹

명 위장, 배

have an upset stomach 배탈이 나다
My stomach began to hurt.
내 배가 아프기 시작했다.

파생어 stomachic 위의, 위에 좋은

323 within
[wiðín] 위든

전 ~이내에

will be back within 10 minutes 10분 내로 돌아오겠다
Everything is within your reach.
모든 것은 네가 잡을 수 있는 범위 내에 있다.

324 escalator
[éskəlèitər] 에스컬레이털

명 에스컬레이터

the top of the escalator 에스컬레이터의 꼭대기
Some escalators run at low speed, which makes us bored.
일부 에스컬레이터는 느린 속도로 운행돼 따분함을 느끼게 한다.

● MEMO

325 surprise
[sərpráiz] 설프라이즈

몡 놀람, 놀라운 일, 뜻밖의 일
통 놀라게 하다, 놀라다

felt surprised 깜짝 놀랐다
Visitors to the gallery are in for a few surprises.
그 미술관을 찾는 관람객들은 여러 놀라운 것들을 보게 된다.

파생어 surprised 놀란
유의어 shock 충격, 놀라게 하다

326 despite
[dispáit] 디스파잇

젠 ~에도 불구하고

despite a young woman 젊은 여성임에도 불구하고
He went for a walk despite the rain.
그는 비가 오는데도 불구하고 산책을 나갔다.

유의어 though 비록 ~일지라도, 그러나, ~임에도 불구하고

327 satisfying
[sǽtisfàiiŋ] 새티스파잉

혱 만족스러운, 충분한

her satisfying life 그녀의 만족스러운 삶
His test results were satisfying.
그의 시험 성적은 만족스러웠다.

파생어 satisfaction 만족, 충족
satisfy 만족시키다, 충족시키다

328 sweep
[swi:p] 스윕

통 청소하다, 쓸다
sweep-swept-swept

to sweep the floor 바닥을 쓸다
He was made to sweep the floor.
그는 바닥을 청소해야 했다.

● MEMO

329 blue
[blu:] 블루

혱 푸른
몡 파랑

blue **skies** 푸른 하늘

Blue **is my favorite color.**
파랑은 내가 가장 좋아하는 색깔이다.

파생어 **blueness** 푸름, 푸른 정도, 푸른 상태

330 coke
[kouk] 코크

몡 코카인, 콜라

a red Coke **can** 빨간 콜라 깡통

I **drink a lot of** Coke **on a test day.**
나는 시험 날에는 콜라를 많이 마신다.

331 unconditional
[ʌnkəndíʃənəl] 언컨디셔널

혱 무조건의, 조건 없는

unconditional **love** 조건 없는 사랑

The **ruler promised his country's** unconditional **aid.**
통치자는 자국의 아무 조건 없는 지원을 약속했다.

파생어 **condition** 조건, 상태, 환경
유의어 **absolute** 전면적인, 무제한의

332 match
[mætʃ] 매치

몡 시합, 어울림, 성냥
툉 어울리다, ~와 조화되다, 필적하다

match **her well** 그녀와 잘 어울리다

We **need the curtains that** match **the classroom.**
우리는 교실에 어울리는 커튼이 필요하다.

파생어 **matching** 매칭, 조화되는, 정합
유의어 **game** 경기, 스포츠

● MEMO

333 actress
[ǽktris] 액트리스 · 명 여배우

an American actress on the red carpet 레드 카펫을 밟고 있는 미국 여배우
Last year she won the Academy Award for best actress.
작년에 그녀는 아카데미 여우주연상을 수상했다.

반의어 actor 배우, 남우, 행위자

334 lamp
[læmp] 램프 · 명 등, 전등

a safety lamp 안전등
This lamp costs 50 dollars.
이 전등은 50달러이다.

유의어 lantern 등, 랜턴
flashlight 손전등, 플래시

335 cure
[kjuər] 큐얼 · 명 치유
동 치료하다, 치유하다

cure a patient 환자를 치료하다
His disease can't be easily cured.
그의 병은 치료가 쉽지 않다.

파생어 incurable 불치의, 고칠 수 없는
유의어 treat 치료하다, 대하다, 처리하다

336 tackle
[tǽkl] 태클 · 명 태클, 기구, 낚시 도구
동 태클 걸다, 다루다, 씨름하다

tackle a problem 문제를 다루다
The government is determined to tackle inflation.
정부가 인플레이션과 씨름을 벌일 각오를 하고 있다.

파생어 tackler 태클을 하려는 선수
유의어 block 방해

● MEMO

337 **unfriendly**
[ʌnfréndli] 언프렌들리 · 혱 우정이 없는, 비우호적인, 박정한

an unfriendly atmosphere 비우호적인 분위기
She is always unfriendly to me.
그녀는 항상 나에게 박정하게 대한다.

파생어 friendly 친화적인, 우호적인, 친절한, 우정어린
　　befriend 친구가 되다, 돕다, ~을 돌봐주다

338 **foggy**
[fɔ́:gi] 포기 · 혱 안개가 자욱한

thick and foggy weather 자욱하게 안개가 낀 날
It is so foggy in the daytime.
낮에 안개가 자욱하게 껴있다.

파생어 foggily 안개가 짙게, 자욱하게

339 **comeback**
[kʌ́mbæ̀k] 컴백 · 몡 복귀, 컴백

make a comeback 복귀하다
I'm so happy to hear Britney's comeback.
브리트니의 컴백 소식을 들으니 정말 기쁘다.

유의어 return 돌아오다, 복귀하다, 돌아가다

340 **motion**
[móuʃən] 모션 · 몡 운동, 동작, 몸짓, 손짓

the laws of motion 운동의 법칙
At a single motion of her hand, the classroom fell silent.
그녀의 손짓 단 한 번에 방 안이 교실이 조용해졌다.

● MEMO

스스로의 힘으로 작성해 봅시다.

	English	Korean
01	actress	
02	blue	
03	coke	
04	comeback	
05	cure	
06	despite	
07	escalator	
08	foggy	
09	lamp	
10	match	
11	motion	
12	satisfying	
13	stomach	
14	surprise	
15	sweep	
16	tackle	
17	umbrella	
18	unconditional	
19	unfriendly	
20	within	

🔴 MEMO

341 **enable** [동] ~를 가능하게 하다, ~을 할 수 있게 하다
[inéibl] 이네이블

enable somebody to do something ~가 ~할 수 있게 하다
Money enables one to do a lot of things.
돈이 있으면 여러 가지 일을 할 수가 있다.

반의어 disable 장애가 있는, 불편한
파생어 able ~할 수 있는, 유능한, 자격 있는

342 **astronaut** [명] 우주비행사
[ǽstrənɔ̀:t] 애스트러넛

send astronauts to Mars 우주 비행사를 화성에 보내다
The astronaut enjoys taking trips to space.
그 우주비행사는 우주여행을 즐긴다.

343 **strike** [명] 치기 [동] 때리다, 치다
[straik] 스트라이크
strike-struck-struck/stricken

strike the table 테이블을 치다
He struck the table with his fist.
그가 주먹으로 탁자를 쳤다.

파생어 striker 파업 참가자, 공격수
유의어 hit 치다, 히트를 치다, 타격

344 **receiver** [명] 받는 사람, 수신기, 수화기
[risí:vər] 리시벌

a satellite receiver 위성방송 수신기
He picked up the receiver.
그는 수화기를 들었다.

파생어 receive 받다, 수상하다, 얻다
receptive 감수성이 풍부한, 잘 받아들이는

MEMO

345 **eyebrow**
[áibràu] 아이브라우   몡 눈썹

draw eyebrows 눈썹을 그리다
My sister uses brown eyebrow pencils.
나의 누나는 갈색 눈썹 펜슬을 사용한다.

346 **action**
[ǽkʃən] 액션   몡 활동, 행동, 조치, 액션

out of action 활동하지 않는
She began to explain her plan of action to the group.
그녀가 사람들에게 자신의 행동 계획을 설명하기 시작했다.

파생어 act 행동하다, 법률, 연기하다
       reaction 반응, 반작용, 반발

347 **nonstop**
[nὰnstάp] 논스탑   혱 도중에서 멈추지 않는   튄 무정차로
                 몡 안 멈춤, 논스톱

fly nonstop to Hawaii 하와이까지 논스톱 비행하다
The cabbies drive 10 hours nonstop.
택시 기사들은 쉬지 않고 10시간을 일한다.

파생어 stop 멈추다, 중단하다, 막다

348 **parallel**
[pǽrəlèl] 패럴렐   혱 평행의   몡 평행선   툉 평행하다

parallel bars 평행봉
The Earth parallels the Moon.
지구와 달이 평행하게 놓여 있다.

● MEMO

349 **textile** [명] 직물, 섬유
[tékstail] 텍스타일

a textile goods 섬유 제품
Textiles take up 20% of the total trade volume.
섬유가 총 교역량의 20%를 차지한다.

350 **replace** [동] 대신하다, 대체하다, 교체하다(바꾸다)
[ripléis] 리플레이스

replace stone with wood 돌을 나무로 대체하다
One of the plans is to replace old subway trains by 2022.
그 계획들 중 하나는 2022년까지 오래된 지하철을 교체하는 것이다.

파생어 replacement 대체, 교체, 대신하는 사람

351 **fate** [명] 운명
[동] 운명지우다
[feit] 페이트

the fate of the school 학교의 운명
The court will decide our fate.
법원이 우리의 운명을 결정할 것이다.

파생어 fatal 죽음을 초래하는, 치명적인
fateful 운명적인

352 **magnetic** [형] 자석의, 매력 있는
[mægnétik] 매그네틱

The Earth's magnetic field 지구의 자장
The Asians are powerful and magnetic.
아시아인들은 강력하고 매력 있다.

파생어 magnetically 자석으로, 자기로

MEMO

353 **noun** 몡 명사
[naun] 나운

a proper noun 고유명사
We think of "sleep" as a noun or verb.
우리는 'sleep'을 명사나 동사로 생각한다.

354 **storekeeper** 몡 상점주인, 가게 주인
[stɔ́:rki:pər] 스토얼키펄

the storekeeper behind the counter 카운터 뒤에 있는 상점주인
The storekeeper explained to us that the food was safe.
가게 주인은 우리에게 그 음식이 안전하다고 설명해 주었다.

355 **establish** 통 세우다, 설립하다
[istǽbliʃ] 이스태블리쉬

establish a goal 목표를 세우다
The school will be established in a metropolitan area.
그 학교는 대도시에 세워질 것이다.

파생어 establishment 설치, 구성, 설립

356 **wellbeing** 몡 복지, 안녕, 행복
[wélbí:iŋ] 웰빙

the wellbeing of the nation 국가의 안녕
Our health is much more important than material wellbeing.
우리의 건강이 물질의 행복보다 훨씬 더 중요하다.

🔵 MEMO

357 torch
[tɔːrtʃ] 토치
® 횃불

burn the torch brightly 횃불을 밝히다
Hundreds of people carrying torches marched.
횃불을 든 수백 명이 행진을 했다.

358 hasten
[héisn] 헤이슨
⑧ 서두르다, 재촉하다, 앞당기다

hasten one's departure 출발을 앞당기다
He hastened to school yesterday.
그는 어제 서둘러 학교에 갔다.

파생어 haste 서두름, 급함
유의어 rush 급히 움직이다, 서두르다

359 universal
[jùːnivə́ːrsəl] 유니버셜
® 우주의, 보편의, 일반적인, 전 세계적인

universal rights 보편적 권리
English has become the universal language of trade.
영어는 무역의 세계적인 언어가 되었다.

반의어 special 특별한
파생어 universalize 일반화하다, 보편화하다

360 dependent
[dipéndənt] 디펜던트
® 의존하는, 의지하는

be overly dependent 지나치게 의지하다
The plants are dependent on the sun.
그 식물들은 태양에 의존하고 있다.

파생어 depend 의존하다, 달리다, 의지하다

🔴 MEMO

스스로의 힘으로 작성해 봅시다.

	English	Korean
01	action	
02	astronaut	
03	dependent	
04	enable	
05	establish	
06	eyebrow	
07	fate	
08	hasten	
09	magnetic	
10	nonstop	
11	noun	
12	parallel	
13	receiver	
14	replace	
15	storekeeper	
16	strike	
17	textile	
18	torch	
19	universal	
20	wellbeing	

MEMO

361 **perfection** 명 완전, 완벽, 완비
[pərfékʃən] 펄펙션

be brought to perfection 완전하게 되다
You will find perfection of accommodation at the hotel.
저 호텔은 설비가 완비되어 있다.

파생어 **perfect** 완벽한, 완전한, 최적의, 퍼펙트, 이상적인

362 **reed** 명 갈대, [音] 리드
[ri:d] 리드

reed shaken with the wind 바람에 흔들리는 갈대
The reeds on the shore shine.
해안의 갈대가 빛난다.

363 **jaw** 명 턱
[dʒɔ:] 저우

the lower jaw 아래턱
They have very strong jaws.
그들은 매우 강한 턱을 가지고 있습니다.

364 **soak** 명 담그기
[souk] 쏙　　　　동 젖다, 잠기다, 스며들다, 담그다, 빨아들이다

soak in water 물에 잠기다
Let the tablecloth soak for an hour.
식탁보를 한 시간만 담가둬라.

파생어 **soaker** 잠그는[담그는] 사람[물건]
　　　soaking 완전히 다 젖은, 흠뻑 젖은

● MEMO

365 host
[houst] 호스트

명 주인, 호스트, 떼
동 개최하다, 주최하다

a host of locusts 메뚜기 떼

The sporting event was hosted by the KBS.
그 스포츠 행사는 KBS가 주최했다.

반의어 hostess 호스티스, 여주인

366 chore
[tʃɔːr] 쵸열

명 잡일, 하기 싫은 일, 가사(家事)

do household chores 집안일을 하다

Homework is such a chore.
숙제는 지겨워.

367 dive
[daiv] 다이브

명 다이빙, 잠수, 급강하
동 뛰어들다, 다이빙하다 diver(잠수부)

dive into a pool 수영장에 뛰어들다

Ashlyn did a graceful dive into the water.
애슐리는 우아하게 물 속으로 뛰어들었다.

368 injury
[índʒəri] 인쳐리

명 부상, 상처, 피해

show the injury to a doctor 의사에게 부상을 보여주다

However, you need to watch out for injuries!
하지만, 여러분은 부상을 조심할 필요가 있다!

파생어 injure 부상을 입히다, 상처를 입히다
유의어 hurt 다치다, 해치다, 상처

● MEMO

369 yogurt
[jóugərt] 요걸트

명 요구르트

mix milk and yogurt 우유와 요구르트를 섞다
We often hear yogurt is good for our health.
우리는 요구르트가 건강에 좋다는 말을 자주 듣는다.

370 rhythmically
[ríðmikəli] 리드미컬리

부 율동적으로, 리듬 있게, 리드미컬하게

dance rhythmically 리듬 있게 춤추다
The bell is ringing rhythmically.
종소리가 리드미컬하게 울려 퍼지고 있다.

371 foremost
[fɔ́:rmòust] 포얼머스트

형 가장 중요한, 맨 앞에 위치한
부 맨 먼저

foremost duty 가장 중요한 의무
Katherine is one of the foremost experts in the area.
캐서린은 이 지역에서 가장 중요한 전문가 중 한 명이다.

유의어 first 첫, 처음의, 최초

372 coward
[káuərd] 카우얼드

형 소심한, 겁 많은
명 겁쟁이

go down in history as a coward 겁쟁이로 역사에 기록되다
The teacher called me a coward.
선생님이 나를 겁쟁이라 불렀다.

파생어 cowardice 겁, 비겁
cowardly 겁이 많은, 비겁한

● MEMO

373 page
[peidʒ] 페이지

몡 쪽(수), 페이지, (신문 등의) 난

the sports pages 스포츠란
Some pages have been missing.
누락된 페이지가 있다.

파생어 paginate 페이지를 매기다
　　　paginal 페이지의

374 pot
[pat] 팟

몡 단지, 포트, 냄비, 항아리

a charity pot 자선냄비
He brought a small coffee pot.
그는 조그만 커피포트를 가져왔다.

375 indeed
[indí:d] 인디드

튄 실제, 정말로, 사실은

indeed live a life of happiness 정말로 행복한 삶을 살다
Indeed, he is called a genius.
실제 그는 천재라 불리 운다.

유의어 really 정말, 사실상, 실제로

376 instead
[instéd] 인스테드

젼 ~의 대신에
튄 대신에

be used instead of ~대신에 사용되다
Instead, he ran away.
대신에 그는 도망가 버렸다.

유의어 rathe 오히려, 차라리

● MEMO

377 finish
[fíniʃ] 피니쉬

동 끝내다

finish up the homework 숙제를 끝내다
The cless finishes in May.
그 수업은 5월에 끝난다.

파생어 finite 한정된, 유한한
유의어 conclude 끝내다, 결말짓다

378 extra
[ékstrə] 엑스트러

형 임시의, 여분의, 추가의
명 엑스트라, 단역 배우, 추가되는 것

pay extra 추가비용을 지불하다
He calls himself an extra.
그는 자신을 엑스트라로 부른다.

379 knot
[nat] 낫

명 매듭, 노트(←1시간에 1해리를 달리는 속도)
동 매다

at a speed of 30 knots per hour 시속 30노트의 속력으로
A knot was tied in the rope.
로프에 매듭을 묶었다.

파생어 knotter 매듭을 묶는 사람
knotty (복잡하게) 얽히고설킨

380 loan
[loun] 론

명 융자, 대출

student loans 학자금 대출
Mom got the washing machine on loan from the bank.
엄마는 은행에서 대출을 받아 세탁기를 샀다.

파생어 loaner 대부자, 대여자

● MEMO

스스로의 힘으로 작성해 봅시다.

	English	Korean
01	chore	
02	coward	
03	dive	
04	extra	
05	finish	
06	foremost	
07	host	
08	indeed	
09	injury	
10	instead	
11	jaw	
12	knot	
13	loan	
14	page	
15	perfection	
16	pot	
17	reed	
18	rhythmically	
19	soak	
20	yogurt	

● MEMO

381 explanation 명 설명, 해명, 해석
[èksplənéiʃən] 익스플러네이션

his explanation of how to play the guitar 기타 치는 법에 대한 그의 설명
No explanations are necessary.
어떠한 설명도 필요 없다.

파생어 explain 설명하다, 알려주다, 해명하다

382 unknown 형 알려지지 않은, 무명의, 불분명한
[ʌnnóun] 언노운

an unknown artist 어느 무명 미술가
The true owner of the money is unknown.
그 돈의 진짜 주인은 알려지지 않았다.

파생어 known 알려진, 유명한
유의어 secret 비밀, 숨겨진, 비결

383 banner 명 기(旗), (광고용) 현수막, 배너
[bǽnər] 배널

put up a banner 현수막을 내걸다
Under the U.N. banner we joined the battle.
유엔 깃발아래 우리는 전투에 참여했다.

파생어 bannered 기를 갖춘, 기를 단

384 upstairs 형 2층의 부 2층으로 명 2층, 위층
[ʌ́pstéərz] 업스테얼스

the noise from upstairs 위층에서의 소음
We usually go upstairs to take a shower.
우리는 보통 샤워하러 위층으로 올라간다.

반의어 downstairs 아래층의

● MEMO

385 **personality**
[pə́:rsnǽləti] 퍼스낼러티

명 인성, 성격

those who have the same personality as you 너와 성격이 같은 사람들
He is known to have a good personality.
그는 성격이 좋다고 알려져 있다.

파생어 **personal** 개인의, 자신의, 사적인, 인간적인

386 **tape**
[teip] 테잎

명 납작한 끈, 테이프, 녹음하다, 붙이다

tape to ~에 붙이다
His albums are available on tape and CD.
그의 앨범은 테이프와 시디로 나와 있다.

파생어 **taper** 점점 가늘어지다

387 **conference**
[kɑ́nfərəns] 칸퍼런스

명 회의, 회담, 협의회, 회견

hold a press conference 기자 회견을 열다
I was at a business conference in Colorado.
나는 콜로라도 주에서 열린 업무 회의에 참석했다.

파생어 **confer** 수여하다, 협의하다, 상담하다
유의어 **meeting** 회의, 만남, 집회

388 **hook**
[huk] 훅

명 갈고리, 낚시 바늘, 훅, 후크, 걸이
동 갈고리로 걸다, 걸려들게 하다

a fish hook 낚싯바늘
I can't find any coat hook in the room.
방에서 외투 걸이를 찾을 수 없다.

파생어 **hooky** 꾀부려 빼먹기

● MEMO

389 bean
[bi:n] 빈

圀 콩, 원두

grow bean sprouts 콩나물을 기르다
My favorite side dish is bean sprouts.
내가 제일 좋아하는 반찬은 콩나물이다.

390 likely
[láikli] 라이클리

圀 ~할 것 같은, 있음직한, 가능한

not likely to hear from him 그의 소식을 들을 것 같지 않은
It is likely to snow.
눈이 올 것 같다.

반의어 **unlikely** 가망이 없는, ~할 것 같지 않게
파생어 **likelihood** (어떤 일이 있을) 공산

391 road
[roud] 로드

圀 도로, 길

road to ~로 가는 길
I saw an accident on a busy road.
나는 혼잡한 도로에서 사고를 목격했다.

유의어 **street** 거리, 길, 도로

392 mount
[maunt] 마운트

圀 산
圄 늘다, 증가하다, 오르다, 설치하다

a tourist to Mount Seorak 설악산 관광객
She is trying to mount a horse.
그녀는 말에 올라타려고 애쓰고 있다.

파생어 **mountable** 올라갈 수 있는

● MEMO

393 **careful**
[kέərful] 케얼플

형 신중한, 조심스러운, 주의깊은

careful **with** ~에 조심하는

The teacher should have been more careful.
선생님은 좀 더 신중했어야 했다.

반의어 **careless** 부주의한, 조심성 없는, 경솔한
파생어 **care** 보살피다, 마음쓰다, 관리하다, 돌보다

394 **glory**
[glɔ́:ri] 글로리

명 영광, 영예

the Moment of Glory 영광의 순간

I remember the past glory **days.**
나는 과거 영광의 날들을 기억한다.

반의어 **shame** 부끄러움, 부끄러운 생각
파생어 **glorious** 영광스러운, 영예로운

395 **significant**
[signífikənt] 시그니피컨트

형 상당한, 중요한, 중대한, 의미심장한

a significant **date** 중요한 날

This success is significant **for your future.**
이 성공은 당신의 장래에 대해 중대한 뜻을 가진다.

파생어 **signify** 의미하다, 나타내다, 알리다
유의어 **important** 중요한, 주요한, 중대한

396 **meaning**
[mí:niŋ] 미닝

명 의미, 뜻

the real meaning **of friendship** 우정의 진정한 의미

I read an old book on the true meaning **of the Mayan civilization.**
나는 마야 문명의 진정한 의미에 관한 고서를 읽었다.

파생어 **mean** 의미하다

● MEMO

397 upcoming
[ʎpkʌmiŋ] 업커밍

⑱ 다가오는, 앞으로 있을

for the upcoming school year 다음 학년을 위해
In the upcoming year, we will be offering a 10% discount.
새해에 10% 할인해 드리겠습니다.

398 farther
[fɑ́ːrðər] 파덜

⑮ 더 멀리, 더 나아가서

farther south 남쪽으로 더 멀리
The golfer hit the ball farther and straighter.
그 골퍼는 볼을 더 멀리, 더 똑바로 쳤다.

399 but
[bʌt] 벗

⑳ 그러나 ⑳ ~외에는, ~을 제외하고
⑮ 단지, 다만

a young but wise man 젊지만 현명한 남자
He is rich but not happy.
그는 부자지만 행복하지는 않다.

유의어 however 그러나, 하지만, 그런데
    yet 그럼에도 불구하고, 하지만, 그래도

400 arrangement
[əréindʒmənt] 어레인지먼트

⑱ 정돈, 배열, 합의

the seating arrangement 좌석 배열
A new arrangement has been reached.
새로 합의를 보았다.

파생어 arrange 배치하다, 준비하다, 마련하다, 정리하다

🔴 MEMO

스스로의 힘으로 작성해 봅시다.

	English	Korean
01	arrangement	
02	banner	
03	bean	
04	but	
05	careful	
06	conference	
07	explanation	
08	farther	
09	glory	
10	hook	
11	likely	
12	meaning	
13	mount	
14	personality	
15	road	
16	significant	
17	tape	
18	unknown	
19	upcoming	
20	upstairs	

● MEMO

401 **composition** 📖 구성, 합성, 작문
[kɑ̀mpəzíʃən] 캄퍼지션

the composition of forces 힘의 합성
The fat composition of meat becomes high.
고기의 지방구성이 높아진다.

파생어 compose 구성하다
compositional 구성[작문, 작곡]의

402 **expressway** 📖 고속도로 express(급행의)
[ikspréswèi] 익스프레스웨이

an expressway rest area 고속도로 휴게소
Everyone was driving fast on the expressway.
고속도로에서 모두가 빠르게 운전하고 있다.

403 **profile** 📖 옆얼굴, 인물소개, 분석표, 프로필
[próufail] 프로파일

a new profile picture 새 프로필 사진
The results turned out a personality profile.
테스트 결과를 토대로 성격 분석표가 작성되었다.

404 **outline** 📖 윤곽, 개요, 아우트라인
[áutlàin] 아웃라인   📖 ~의 윤곽을 그리다, 약술하다

give the outline of ~ 의 개요를 말하다
He outlined 10 ways to keep healthy.
그는 건강을 유지하는 10가지 방법을 약술했다.

유의어 summarize 요약하다, 간략하게 말하다

● MEMO

405 **labor**
[léibər] 레이버

® 노동, 근로, 진통

five hours of labor 5시간의 노동
No labor, **no bread.**
일하지 않으면 먹지 말라.

반의어 **capital** 수도, 자본, 자금, 자산
유의어 **work** 일하다, 연구, 작업

406 **seem**
[si:m] 씸

⑧ ~인 듯하다, (~인·하는 것처럼) 보이다

seem **to be** ~한 모양이다
It seems **like we are slaves to our cell phones.**
마치 우리는 우리 핸드폰의 노예가 된 것처럼 보인다.

파생어 **seemer** 겉꾸미는[겉치레하는] 사람
유의어 **appear** 나타나다, ~처럼 보이다, ~인 듯하다

407 **peaceful**
[pí:sful] 피스풀

⑧ 평화로운, 평온한, 평화적인

the peaceful **reunification of Korea** 한국의 평화통일
You will lead a more peaceful **life.**
너는 좀 더 평화로운 삶을 살게 될 것이다.

반의어 **warlike** 호전적인, 도전적인, 군사의
파생어 **peace** 평화, 화해

408 **nowadays**
[náuədèiz] 나우어데이즈

⑨ 오늘날에는, 요즘에는

until nowadays 오늘날까지
Nowadays, **no one cares about that big gate.**
요즘에는 아무도 그 큰 문에 신경 쓰지 않는다.

● MEMO

409 **defense** [명] 국방, 방어
[diféns] 디펜스

legal defense 정당 방위
Offense is the best defense.
공격은 최선의 방어이다.

반의어 offense 공격하다, 비난하다, 덤벼들다
파생어 defend 방어하다, 지키다, 옹호하다

410 **belly** [명] 배, 위
[béli] 벨리

have a belly 배가 나와 있다
I don't want a beer belly like my father.
우리 아버지처럼 배가 불룩 나오긴 싫어.

411 **military** [형] 군의, 군대의 [명] 군대
[mílitèri] 밀리터리

the strongest military 가장 강력한 군대
African militaries lost their ability to keep peace.
아프리카 군대는 평화유지 기능을 상실했다.

반의어 civil 시민의, 민사의, 민간의
naval 해군의, 해상의

412 **ballerina** [명] 발레리나
[bæləríːnə] 발레리나

a new movie about a Russian ballerina 러시아 발레리나에 관한 새 영화
I saw a star ballerina performing.
나는 스타 발레리나가 공연하는 것을 보았다.

MEMO

413 underage
[ʌ̀ndəréidʒ] 언덜에이지

형 미성년의

underage middle school students 미성년 중학생들
The number of underage smokers is on the rise.
미성년 흡연자 수가 증가하고 있다.

414 disappear
[dìsəpíər] 디서피얼

동 사라지다, 없어지다, 실종되다

disappear into oblivion 망각 속으로 사라지다
My passport has disappeared.
나의 여권이 없어졌다.

반의어 **appear** 나타나다, ~처럼 보이다, 출연하다
파생어 **disappearance** 사라짐, 소멸, 실종

415 column
[kάləm] 칼럼

명 기둥, (편집의) 단, (신문·잡지에 실린) 칼럼, 열

a column of water 물기둥
The temple is supported by marble columns.
그 사원은 대리석 기둥들이 떠받치고 있다.

파생어 **columnar** 원주(형)의, 원주가 특징인
유의어 **pillar** 기둥, 기념주, 표주

416 jogging
[dʒάgiŋ] 조깅

명 조깅, 느린 구보

go jogging 조깅하러 가다
I go jogging every morning.
나는 매일 아침 조깅을 한다.

● MEMO

417 **carve** [동] 베다, 새기다, 조각하다
[ka:rv] 칼브

carve a rabbit out of wood 나무를 새겨 토끼를 만들다
The farmer carves pumpkins.
농부가 호박을 파내 조각한다.

유의어 cut 깎아 다듬다, 조각하다
chip 깎아서 ~을 만들다

418 **spiritual** [형] 정신의, 영혼의
[spíritʃuəl] 스피리춸

my spiritual guide 나의 정신적 안내자
Gandhi was a great spiritual leader.
간디는 위대한 정신적 지도자였다.

반의어 physical 신체의, 물리의
파생어 spiritualize 정신적[영적]으로 하다

419 **fried** [형] 기름에 튀긴, 프라이
[fraid] 프라이드

deep-fried chicken legs 기름에 많이 튀긴 닭다리들
The fried egg makes me hungry.
계란 프라이가 나를 배고프게 한다.

420 **wheat** [명] 밀
[wi:t] 윗트

whole wheat bread 통밀빵
Most of them prefer rice to wheat.
그들 대부분은 밀보다 벼를 선호한다.

파생어 wheaten 밀의, 밀(가루)로 만든

MEMO

스스로의 힘으로 작성해 봅시다.

	English	Korean
01	ballerina	
02	belly	
03	carve	
04	column	
05	composition	
06	defense	
07	disappear	
08	expressway	
09	fried	
10	jogging	
11	labor	
12	military	
13	nowadays	
14	outline	
15	peaceful	
16	profile	
17	seem	
18	spiritual	
19	underage	
20	wheat	

MEMO

421 worldwide
[wɔ́:rldwáid] 월드와이드

- ⑧ 세계적인
- ⑨ 전 세계에

a worldwide pollution problem 전 세계적인 공해 문제
Global warming is a worldwide issue.
지구온난화는 전 세계적인 문제이다.

파생어 world 세계, 세상
유의어 global 세계적인, 글로벌

422 instant
[ínstənt] 인스턴트

- ⑧ 즉시의, 인스턴트의
- ⑨ 즉석, 순간, 인스턴트 식품

instant foods 인스턴트식품들
My daddy falls in love with instant coffee.
우리 아빠는 인스턴트 커피를 매우 좋아하신다.

파생어 instantly 즉시, ~하자마자, 곧바로, 순식간
유의어 moment 순간

423 beam
[bi:m] 빔

- ⑨ 광선, 빛남, 들보
- ⑧ 빛나다, 밝게 미소 짓다

beam forth rays of light 광선을 발하다
The morning sun beamed down on us.
아침 햇살이 우리를 비추었다.

파생어 beamy 폭이 넓은, 광선을 방사하는
유의어 ray 광선, 빛

424 bulb
[bʌlb] 벌브

- ⑨ 구근(球根), 전구

light bulb 백열 전구
He will grow flower bulbs in the spring.
그는 봄에 꽃 구근을 재배할 것이다.

● MEMO

425 assignment
[əsáinmənt] 어사인먼트
명 숙제, 과제, 할당

get my English assignment done 나의 영어 숙제를 끝내다
The teacher gives us an assignment.
선생님이 우리에게 과제를 내주신다.

파생어 **assign** 부여하다, 할당하다
유의어 **task** 직무, 과제, 과업

426 reasoning
[ríːzniŋ] 리즈닝
형 추리의
명 추리, 추론, 이론

the reasoning process 추론 과정
Do you agree with his reasoning?
그의 추론에 동의하니?

파생어 **reason** 이유, 원인, 이성
   reasonable 합리적인, 합당한, 이성적인

427 worsen
[wáːrsn] 월슨
동 악화되다, 악화시키다

worsen the conditions of ~의 사태를 악화시키다
His health has worsened since then.
그의 건강이 그때 이후로 악화되었다.

유의어 **aggravate** 악화시키다, 가중시키다

428 guarantee
[gæ̀rəntíː] 개런티
명 보장, 보증
동 보장하다, 보증하다

a one-year guarantee 1년의 보증기간
I will personally guarantee your success.
개인적으로 네 성공을 보장한다.

🟢 MEMO

429 **marvel**
[mɑ́:rvl] 말블

[명] 놀라운 일, 경이(驚異)
[동] 놀라다, 경탄하다

marvel at his ignorance 그의 무지에 놀라다
I marvel that he could do so.
그가 그렇게 할 수 있었다니 놀랍다.

파생어 marvelous 놀라운, 믿기 어려운
유의어 wonder 경이, 경탄, 놀라움

430 **goat**
[gout] 곳트

[명] 염소, 놀림감, 바보

act the giddy goat 바보짓을 하다
The goats disappeared from a neighboring farm.
염소들이 한 근처 농장에서 사라졌다.

431 **wildlife**
[wáildlàif] 와일드라이프

[명] 야생 생물

watch wildlife 야생 생물들을 살피다
Americans want a future living with wildlife.
미국인들은 야생 생물과 더불어 사는 미래를 원한다.

432 **lateness**
[léitnis] 레이트니스

[명] 지각

the reason for his lateness to school 그가 학교에 지각한 이유
Why not write a lateness note?
지각 계를 쓰는 것이 어때?

파생어 late 말기의, 늦은, 늦도록, 늦게

MEMO

433 **construct** [동] 짓다, 세우다, 건조하다, 건설하다
[kənstrʌ́kt] 컨스트럭트

construct a road 도로를 건설하다
Workers are constructing the church.
인부들이 교회를 짓고 있다.

[반의어] destroy 파괴하다, 파멸시키다, 훼손하다
[파생어] construction 건설, 공사, 건축

434 **homeless** [형] 집 없는, 무주택의
[hóumlis] 홈리스

a project for the homeless 무주택자들을 위한 프로젝트
Some homeless boys sleep at a public bathhouse.
일부 집 없는 소년들은 찜질방에서 잔다.

[파생어] homely 가정적인, 편안한, 못생긴
home 집, 가정의

435 **truly** [부] 진실로, 충실히, 정말, 진정으로
[trú:li] 트룰리

a foreigner truly in love with Korea 한국을 진정으로 사랑한 외국인
Good ideas truly came to him.
정말 좋은 생각이 그에게 떠올랐다.

[파생어] truth 진실, 사실, 진리
[유의어] really 정말, 사실상, 실제로

436 **whose** [대] 누구의 것, 누구의
[형] 누구의
[hu:z] 후즈

whose side 누구의 편
Whose is this textbook?
이 교과서는 누구의 것일까?

MEMO

437 **pepper**
[pépər] 페퍼

명 후추, 고추

passed me the pepper 나에게 후추 통을 건네주었다
The meat is seasoned with salt and pepper.
고기는 소금과 후추로 양념을 했다.

파생어 **peppery** 후추 맛이 나는

438 **there**
[ðéər] 데얼

부 그곳에, [존재를 나타내는 there is의 형태로] ~이 있다

go there to hang around with them 그들과 놀려고 그곳에 가다
There is a big stream in the village.
그 마을에 큰 개울이 있다.

반의어 **here** 여기, 이곳, 이쪽, 저기

439 **impact**
[ímpækt] 임팩트

명 영향, 충돌
동 ~에 강한 영향을 주다

on impact 충돌 순간에
A weakened ozone layer has an impact on us.
약화된 오존층은 우리에게 영향을 준다.

파생어 **impaction** 꽉 들어차게 함, 밀착시킴, 눌러댐

440 **passenger**
[pǽsindʒər] 패씬절

명 승객, 도보 여행자, 나그네

the safety of our passengers 우리 승객들의 안전
The passenger travels frequently.
그 승객은 여행을 자주 한다.

유의어 **traveller** 여행자, 여행가

● MEMO

140

스스로의 힘으로 작성해 봅시다.

	English	Korean
01	assignment	
02	beam	
03	bulb	
04	construct	
05	goat	
06	guarantee	
07	homeless	
08	impact	
09	instant	
10	lateness	
11	marvel	
12	passenger	
13	pepper	
14	reasoning	
15	there	
16	truly	
17	whose	
18	wildlife	
19	worldwide	
20	worsen	

● MEMO

441 **whenever**
[wenévər] 웨네벌

웹 ~할 때는 언제나, 언제 ~할지라도

whenever one awakes from one´s sleep 자고 깨면
I'm ready whenever you are.
당신만 준비되면, 저는 언제라도 좋습니다.

442 **death**
[deθ] 데쓰

명 죽음, 사망

his father's sudden death 그의 아버지의 갑작스런 죽음
Despite their deaths, the contests continued.
그들이 사망했지만 시합은 계속되었다.

반의어 **birth** 탄생, 출생, 태어남
파생어 **dead** 죽은, 시신, 사망

443 **lend**
[lend] 렌드

동 빌려주다, 주다
lend-lent-lent

lend a book 책을 빌려 주다
I will lend you this MP3 player.
나는 네게 이 MP3플레이어를 빌려주겠다.

반의어 **borrow** 빌리다, 대여하다, 차용하다
파생어 **lender** 빌려주는 사람, 대출 기관

444 **reader**
[rí:dər] 리덜

명 독자, 읽는 사람,

appeal to the readers 독자들에게 호소하다
They want to share the joy of reading, together with readers.
그 회사들은 독서의 즐거움을 독자들과 함께 나누고 싶습니다.

파생어 **read** 읽다, 독서하다, 독해하다
　　　readable 읽을 수 있는, 판독하기 쉬운

● MEMO

445 blindly
[bláindli] 블라인들리   (분) 무조건, 맹목적으로

blindly trust the doctor 의사를 맹목적으로 믿다
People blindly believe in gods.
사람들은 신을 맹목적으로 믿는다.

446 healthy
[hélθi] 헬씨   (형) 건강한, 건강에 좋은

stay healthy for the rest of my life 살아가는 동안 건강을 유지하다
Many people are making an effort to be healthier.
많은 사람들이 더 건강해 지려고 노력중이다.

반의어 unhealthy 비위생적인, 건강하지 않은, 건강에 좋지 않은
파생어 health 건강, 보건, 의료

447 mouse
[maus] 마우스   (명) 생쥐. 쥐, 마우스

a house mouse 집쥐
The lion let the mouse go.
사자가 쥐를 놓아주었다.

448 compute
[kəmpjú:t] 컴퓨트   (동) 계산하다

by computing the costs 비용을 계산하여
I took time to compute the distance from home to school.
나는 시간을 내서 집에서 학교까지의 거리를 계산했다.

파생어 computable 계산할 수 있는, 연산가능한
유의어 count 숫자, 세다, 계산하다

● MEMO

449 **tempt**
[tempt] 템트

[동] 유혹하다, 부추기다

have been tempted to go there 그곳에 가도록 유혹받아왔다

You won't be tempted to drop school.
너는 학교 중퇴의 유혹을 받지 않을 것이다.

[파생어] temptation 유혹

450 **shift**
[ʃift] 쉬프트

[명] 변화, 교대 근무
[동] 바꾸다

to shift gear 기어를 바꾸다

He need to shift the focus of this debate.
그는 이 토론의 초점을 바꿀 필요가 있다.

[파생어] shifting 이동하는, 바뀌는
[유의어] change 변화, 바꾸다, 변경, 달라지다

451 **aspire**
[əspáiər] 어스파이얼

[동] 열망하다, 갈망하다

aspire to attain fame 명성을 얻고자 갈망하다

He aspired to be their teacher.
그는 그들의 선생님이 되기를 열망했다.

[파생어] aspiration| 열망, 포부, 염원
[유의어] desire 욕망, 싶다, 원하다

452 **nearby**
[níərbàí] 니얼바이

[형] 가까운, 이웃의
[부] 근처에, 인근에

a nearby village 이웃 마을

Is there a gas station nearby?
이 근처에 주유소가 있나요?

[유의어] closest 가장 가까운, 가장 근접한

MEMO

453 landscape
[lǽndskèip] 랜드스케입 　　명 풍경, 경관, 풍경화, 산수화, 지형

paint a landscape 산수를 그리다
He has changed Korea's political landscape.
그는 한국의 정치 지형을 바꿔 놓았다

유의어 view 경치, 조망, 전망

454 ambulance
[ǽmbjuləns] 앰뷸런스 　　명 구급차, 앰뷸런스

call the ambulance 앰뷸런스를 부르다
The ambulance is carrying an elderly patient.
구급차가 한 연로한 환자를 실어 나르고 있다.

파생어 ambulate 이동하다, 걷다, 돌아다니다
　　　ambulant 걸어 다닐 수 있는, 일어나 다녀도 되는

455 bargain
[bɑ́:rgin] 발긴 　　명 싸게 산 물건, 염가판매 동 흥정하다
　　　　　　　　　형 값싼 물건의

bargain hunters 싼 것만 찾아다니는 사람들
I went bargain shopping for shoes with Mom.
나는 엄마와 함께 신발을 싸게 사러 갔었다.

파생어 bargaining 협상, 흥정

456 agency
[éidʒənsi] 에이전시 　　명 대리점, 에이전시, ~국

an advertising agency 광고 대리점
Eric is an engineer of the space agency.
에릭은 우주국 엔지니어이다.

파생어 agent 대리인, 에이전트

● MEMO

457 **consumer**
[kənsúːmər] 컨수멀

명 소비자, 고객

young consumers 젊은 소비층

In the spring consumer spending rose.
봄에 소비자 지출이 상승했다.

반의어 producer 제작자, 생산국, 프로듀서, 생산자
파생어 consume 소비하다, 먹어치우다, 시간이 걸리다

458 **playful**
[pléifl] 플레이플

형 놀기 좋아하는, 장난스런

a playful child 장난꾸러기

She sings in a playful manner.
그녀는 장난기 있게 노래한다.

파생어 play 게임하다, 역할을 하다, 연주하다
　　　player 선수, 플레이어, 연주자

459 **aside**
[əsáid] 어사이드

부 곁에, 따로 두고, 벗어나

push the cart aside 카트를 한쪽으로 치우다

She took him aside to give him some advice.
그녀는 그에게 충고를 하려고 그를 한쪽으로 데려갔다.

유의어 separately 별도로, 따로, 각자, 분리하여, 개별적으로
　　　apart 떨어진, 분리된, 구별되는, 따로

460 **receipt**
[risíːt] 리시트

명 영수, 영수증

sign the receipt 영수증에 서명하다

Here is my receipt.
영수증 여기 있습니다.

파생어 receive 받다, 수상하다, 얻다

● MEMO

스스로의 힘으로 작성해 봅시다.

	English	Korean
01	agency	
02	ambulance	
03	aside	
04	aspire	
05	bargain	
06	blindly	
07	compute	
08	consumer	
09	death	
10	healthy	
11	landscape	
12	lend	
13	mouse	
14	nearby	
15	playful	
16	reader	
17	receipt	
18	shift	
19	tempt	
20	whenever	

MEMO

461 **torture**
[tɔ́:rtʃər] 톨쳘

[명] 고문
[동] 고문하다

torture the prisoners 죄수들을 고문하다
He was tortured there.
그가 그곳에서 고문당했다.

[파생어] torturous 고문의, 고통스러운
tortured 극심한 고통에 시달리는

462 **keyboard**
[kí:bɔ̀:rd] 키볼드

[명] 건반, 자판, 키보드

the keyboard of a piano 피아노 건반
The mouse is next to the keyboard.
마우스가 키보드의 옆에 있다.

463 **breast**
[brest] 브레스트

[명] 가슴, 유방

chicken breasts 닭 가슴 살
Many young moms breast-feed their babies.
많은 젊은 엄마들이 아기에게 모유를 먹인다.

[유의어] chest 가슴, 흉곽, 흉중

464 **dash**
[dæʃ] 대쉬

[명] 충돌, 대시 (기호)
[동] 돌진하다, 찬물을 끼얹다

make a dash for ~을 향해 돌진하다
After making the dash, I'm short of breath.
돌진하니 숨이 가쁘다.

[유의어] rush 돌진하다, 서두르다, 쇄도하다

MEMO

465 reflect
[riflékt] 리플렉트

[동] 반사하다, 반영하다

reflect the light of the sun 태양빛을 반사하다

These figures reflect dark realities.
이 수치들은 어두운 현실을 반영한다.

파생어 reflection 반사, 반성, 반영

466 side
[said] 사이드

[명] 옆(면), 측면, (물체의 전후·좌우·상하 따위의) 측, 쪽, 면

the front side of a house e 집 앞쪽

Your creative side can be much better.
네 창의적인 면이 훨씬 더 나아질 수 있다.

반의어 middle 중앙, 중부, 중도
유의어 edge 가장자리, 모

467 industry
[índəstri] 인더스트리

[명] 산업, 업계, 공업, 근면

the tire industry 타이어 업계

The industry is keeping a close eye on China.
업계가 중국을 예의주시하고 있다.

파생어 industrial 산업의, 공업의

468 instinct
[ínstiŋkt] 인스팅트

[명] 본능, 직감

a creative instinct 창조적 본능

We call it instinct.
우리는 그것을 본능이라 부른다.

파생어 instinctive 본능적인

MEMO

469 **nothing**
[nʌ́θiŋ] 나씽

(명) 무(無), 존재하지 않는 것
(대) 아무것도 ~하지 않음

have nothing new to give 새롭게 줄게 아무 것도 없다

Nothing can stop us.
그 어느 것도 우리를 막을 수 없다.

470 **flag**
[flæg] 플래그

(명) 기(旗), 깃발

raise a flag 깃발을 올리다

Each boy and girl is waving national flags of the countries.
소년소녀가 각 나라의 국기를 흔들고 있다.

471 **flush**
[flʌʃ] 플러쉬

(명) 물로 씻어 냄
(동) 얼굴을 붉히다, 빨개지다, 몰아내다

a flush toilet 수세식 화장실

She looked flushed.
그녀는 얼굴이 빨개진 것처럼 보였다.

파생어 flusher (특히 돈이) 많음
유의어 cleanse 씻어 깨끗이 하다

472 **ownership**
[óunərʃip] 컨수얼

(명) 소유, 소유주임, 소유권

state ownership 국유(國有)

Our company has the ownership of a mine.
우리 회사는 광산을 소유하고 있다.

파생어 owner 주인, 소유자
유의어 own 자신의, 스스로 하는

● MEMO

473 carefree
[kɛ́ərfrìː] 케어프리

형 근심이 없는, 걱정거리 없는, 태평스러운

carefree children 근심 없는 아이들

I wish I could live a carefree life.
걱정 없는 삶을 살 수 있으면 좋겠다.

유의어 merry 즐거운, 메리, 행복한, 흥

474 reveal
[rivíːl] 리비얼

동 밝히다, 보여주다, 드러내다

reveal one's ignorance 무식을 드러내다

North Korea has finally decided to reveal its true self.
북한은 마침내 자신들을 드러내기로 결심했다.

파생어 revelation 폭로(된 사실)
유의어 announce 밝히다, 알리다

475 outstanding
[àutstǽndiŋ] 아웃스탠딩

형 두드러진, 뛰어난

an outstanding painter 뛰어난 화가

There have been almost no outstanding people in that town.
그 고을에는 아직 뛰어난 사람이 별로 없다

파생어 stand 세우다, 서다, 서 있다, 입장, 위치하다
유의어 special 특별한, 특수한, 스페셜

476 forward
[fɔ́ːrwərd] 포워드

형 앞의
부 앞으로

walk forward 앞으로 걷다

Bend yourself forward and bow.
앞으로 숙여서 절을 한다.

반의어 backward 뒤로, 뒤떨어진, 거꾸로
유의어 ahead 앞서, 앞에, 미리

● MEMO

477 roll
[roul] 롤

(명) 명부, 출석부, 말아 만든 물건
(동) 구르다

call roll 출석을 부르다

A cook made a sushi roll at a restaurant.
요리사가 음식점에서 초밥(스시롤)을 을 만들었다.

파생어 **roller** 롤러, 굴림대
유의어 **turn** 돌리다, 바꾸다

478 proposal
[prəpóuzəl] 프러포절

(명) 제안, 제의, 결혼 신청

consider a proposal 제안을 검토하다

The proposal was passed by a vote of 30 to 22.
그 제안은 30대 22로 가결되었다.

파생어 **propose** 제안하다
유의어 **suggestion** 제안, 의견, 조언

479 misleading
[mislí:diŋ] 미스리딩

(형) 오해시키는, 오도하는

misleading **information** 오해 소지가 있는 정보

Your expression was rather misléading.
너의 표현에는 좀 오해를 살 만한 점이 있었다.

파생어 **misleadingly** 오해시킬 만큼

480 silent
[sáilənt] 사일런트

(형) 조용한, 침묵을 지키는, 말 없는

a silent **room** 조용한 방

She remained silent.
그녀는 계속 침묵을 지켰다.

파생어 **silence** 침묵, 조용하게 만들다
유의어 **quiet** 조용히, 고요한, 침묵한

● MEMO

스스로의 힘으로 작성해 봅시다.

	English	Korean
	breast	
02	carefree	
03	dash	
04	flag	
05	flush	
06	forward	
07	industry	
08	instinct	
09	keyboard	
10	misleading	
11	nothing	
12	outstanding	
13	ownership	
14	proposal	
15	reflect	
16	reveal	
17	roll	
18	side	
19	silent	
20	torture	

● MEMO

481 **passport**
[pǽspɔ:rt] 패스펄트

명 여권, 패스포트

my driver's license and passport 나의 운전면허증과 여권

He lost his passport in Scotland.
그는 스코틀랜드에서 여권을 분실했다.

유의어 **passage** 통과, 통로, 통행

482 **sensor**
[sénsər] 센설

명 감지기, 센서

turn the heat sensors off 열감지기를 끄다

It wasn't just a sensor error.
그것은 센서 이상만이 아니었다.

파생어 **sense** 감각, 의미, 느끼다
sensitive 민감한, 감성적인, 섬세한

483 **barely**
[béərli] 베얼리

부 간신히, 거의 ~않다, 겨우, 가까스로

barely arrived at the school 간신히 학교에 도착했다

He barely escaped disaster.
그는 가까스로 재난을 모면했다.

유의어 **hardly** 거의 ~할 것 같지 않다, 거의 ~아니다

484 **ambitious**
[æmbíʃəs] 엠비셔스

형 야심찬, 의욕적인

show an ambitious goal 야심 찬 포부를 내비치다

He worked toward his ambitious goal.
그는 자신의 야심찬 목표를 달성하기 위해 노력했다.

파생어 **ambition** 야망

● MEMO

485 **plain**
[plein] 플레인

[형] 명백한, 평범한, 쉬운
[명] 평원

in plain English 쉬운 영어로
The village is on a high plain.
그 마을은 높은 평원에 있다.

파생어 plainness 명백, 솔직, 검소
plainly 분명히

486 **icon**
[áikɑn] 아이칸

[명] 우상, 우상시 되는 사람, 아이콘

beloved icon 가장 사랑하는 우상
A longtime fashion icon passed away at the age of 74.
오랫동안 패션 아이콘으로 자리매김했던 분이 74세의 나이로 타계하셨다.

487 **pitch**
[pitʃ] 피치

[명] 투구, 음조, 설득
[동] 투구하다, 던지다, 조정하다, 홍보하다

pitch a bottle into the trash 병을 쓰레기통에 집어던지다
He made his campaign pitches.
그는 선거운동을 했다.

파생어 pitcher 투수, 피처
유의어 throw 던지다, 팽개치다, 투척하다

488 **timely**
[táimli] 타임리

[형] 시기적절한, 알맞은 time(시간)

a timely remark 시의적절한 발언
Her business trip was is very timely.
그녀의 출장은 아주 시기가 적합했다.

반의어 untimely 때 아닌, 시기 상조의, 때가 나쁜
파생어 time 시간, 때, 시기, 동안, 당시

MEMO

489 **preparation** 명 준비, 대비
[prèpəréiʃən] 프리퍼레이션

final preparations for the exam in November 11월 시험 관련 최종 준비
Preparation you do now can have influences on your future.
지금 하는 대비가 여러분의 미래에 영향을 미칠 수 있다.

파생어 prepare 준비하다, 대비하다, 마련하다
유의어 plan 계획하다, 예정, 구상, 플랜, 의도

490 **friendship** 명 우정, 친교
[fréndʃip] 렌드쉽

build friendships 우정을 쌓다
Stress is bad for your friendships.
스트레스는 우정에 나쁘다.

491 **thing** 명 일, 것, 물건, 상황
[θiŋ] 씽

little thing 사소한 일
Things are finally beginning to slow down.
상황이 마침내 느슨해지기 시작했다.

유의어 object 물건, 객체, 것, 대상, 목적

492 **provide** 동 주다, 제공하다
[prəváid] 프러바이드

provide financial aid to ~에 재정적인 지원을 제공하다
Whatever materials you need would be provided for you.
필요한 어떠한 자료도 네게 제공될 것이다.

파생어 provision 규정, 조항, 지원, 대비
유의어 give 주다, 전하다, 제공하다

● MEMO

493 **bitter**
[bítər] 비럴 ⓗ 쓰디 쓴, 쓴맛, 혹독한

taste bitter 쓴맛이 나다

Good medicine tastes bitter to the mouth.
좋은 약은 입에 쓰다.

반의어 sweet 달콤한, 맛좋은, 사랑스러운
파생어 bitterness 쓴, 쓴 맛

494 **sneaker**
[sníːkər] 스니컬 ⓜ (고무창을 댄) 운동화

yellow sneakers in the locker room 사물함에 있는 노란 운동화

How much are these sneakers?
이 운동화는 얼마죠?

495 **teenager**
[tíːnèidʒər] 티네이절 ⓜ 십대

rebellious teenager 반항적인 10대

A long life lies ahead for the teenagers.
10대 청소년들 앞에는 긴 인생이 놓여있다.

유의어 minor 미성년자

496 **snow**
[snou] 스노우 ⓜ 눈
ⓗ 눈이 오다

large flakes of snow 함박눈

It may snow in the afternoon.
오후에 눈이 올지도 모른다.

파생어 snowy 눈에 덮인

● MEMO

497 **freely**
[fríːli] 프릴리   ⓑ 마음대로, 자유롭게

freely travel 자유롭게 여행하다
The gigantic robot flies freely.
그 거대한 로봇은 자유롭게 날 수 있다.

파생어 free 자유의, 무료의
     freedom 자유, 석방

498 **voluntary**
[vɑ́ləntèri] 발룬터리   ⓗ 자발적인, 자원 봉사의, 자원의

a voluntary worker 자원 봉사자
Everything is voluntary here.
여기에서는 모든 것이 자발적으로 이루어진다.

반의어 compulsory 의무적인, 강제적인, 필수의
파생어 volunteer 봉사하다, 자원하다, 지원하다

499 **enthusiasm**
[inθúːziæ̀zm] 인뷰지애즘   ⓜ 열중, 열정, 의욕

your enthusiasm for study 공부에 대한 너의 열정
With enthusiasm, I got it done.
나는 그것을 열정으로 해냈다.

파생어 enthusiastic 열정적인, 열렬한

500 **airline**
[ɛ́ərlàin] 에얼라인   ⓜ 항공사, 정기 항공

a low-cost airline 저가 항공사
The losses of major airlines are in a shocking state.
주요 항공사들의 손실은 가히 충격적이다.

● MEMO

스스로의 힘으로 작성해 봅시다.

	English	Korean
01	airline	
02	ambitious	
03	barely	
04	bitter	
05	enthusiasm	
06	freely	
07	friendship	
08	icon	
09	passport	
10	pitch	
11	plain	
12	preparation	
13	provide	
14	sensor	
15	sneaker	
16	snow	
17	teenager	
18	thing	
19	timely	
20	voluntary	

● MEMO

501 **lid**
[lid] 리드
[명] 뚜껑, 눈꺼풀

the lid made of metal 금속제 뚜껑
The coffeepot has the flower-like lid.
이 커피포트의 뚜껑은 꽃 모양이다.

파생어 lidded 그릇이뚜껑이 있는

502 **mini**
[míni] 미니
[형] 아주 작은, 소형의, 미니의
[명] 미니스커트, 미니카, 미니컴퓨터

mini beef burgers 쇠고기 미니 버거
This acts like a mini "safety net."
이것은 소형 '안전망' 구실을 한다.

유의어 small 작은, 소규모의, 소형의
little 작은, 조금, 좀, 약간의

503 **graphic**
[grǽfik] 그래픽
[형] 도표의, 그래픽의
[명] 설명용의 그림

graphic designer 그래픽 디자이너
Now, she is studying graphic design at a high school.
이제 그녀는 고등학교에서 그래픽 디자인을 공부하고 있습니다.

파생어 graphically 도표[그래프]로

504 **fulfill**
[fulfíl] 풀필
[동] 채우다, 이행하다, 수행하다, 실행하다, 실현시키다

fulfill one's duties 임무를 수행하다
Your prophecy was fulfilled.
네 예언이 실현되었다.

MEMO

505 genius
[dʒíːnjəs] 지니어스   뗑 천재, 귀재, 비범한 재능

genius at ~데에 천재적인
She has a genius daughter.
그녀는 천재 딸이 있다.

유의어 brain 뇌, 두뇌
     intellectual 지적인, 지식인, 지성인

506 anxiety
[æŋzáiəti] 앵자이어티   뗑 불안감, 우려, 걱정

a certain anxiety 특정 불안감
The patient had an expression of anxiety.
그 환자는 불안한 표정을 지었다.

파생어 anxious 불안해하는, 염려하는
유의어 worry 걱정하다, 우려하다

507 abundant
[əbʌ́ndənt] 어번던트   뗑 풍부한, 많은, 풍족한

live in affluence 풍족하게 살다
Fish are abundant in the lake
그 호수에는 물고기가 풍부하다.

파생어 abound 아주 많다, 풍부하다
     abundantly 아주 분명한

508 fairly
[féərli] 페얼리   뗑 공정하게, 꽤, 아주, 상당히

treat your kids fairly 자녀들을 공정하게 대하다
It was a fairly easy question.
그것은 꽤 쉬운 질문이었다.

파생어 fair 공정한, 공평한
유의어 honestly 정직하게, 솔직하게

● MEMO

509 **before**
[bifɔ́:r] 비포

전·접 ~전에
부 전에, 앞에

the day before one´s departure 출발 전일
We left the museum before 5 o'clock.
우리는 5시 이전에 박물관을 떠났다.

반의어 after ~의 뒤에, ~에 뒤이어
behind 뒤의, 숨겨진, 뒤진

510 **taboo**
[təbú:] 터부

명 금기, 터부

a taboo subject 금기시 되는 주제
He is able to break a lot of taboos.
그는 많은 터부를 없앨 수 있다.

511 **rank**
[ræŋk] 랭크

명 계급, 지위, 신분, 랭크
동 지위를 차지하다

pull rank on 자기 지위를 이용하여 강요하다
He was soon promoted to the rank of captain.
그는 곧 대위로 진급되었다.

유의어 status 지위, 신분

512 **background**
[bǽkgràund] 백그라운드

명 배경, 경력

background music 배경 음악
They have different backgrounds and appearances.
그들은 각기 다른 배경과 외모를 지니고 있습니다.

반의어 foreground 전경, 가장 눈에 띄는 위치
파생어 back 돌아가다, 뒤

● MEMO

513 **element**
[élimənt] 엘리먼트   몡 요소, 요인, 원소

elements linked to smoking 흡연과 관련된 요인들
Hard work is the main element of success.
고된 노력이 성공의 주된 요소이다.

파생어 elemental 광포한, 자연력의
      elementary 초보의, 초급의

514 **extinction**
[ikstíŋkʃən] 익스팅션   몡 멸종, 소멸

the extinction of species 종의 멸종
Dinosaurs became extinct millions of years ago.
공룡은 수백만 년 전에 멸종했다.

파생어 extinct 멸종한
유의어 end 종료, 끝나다

515 **peach**
[pi:tʃ] 피치   몡 복숭아

peach flowers 복숭아꽃
He sat under the peach tree.
그는 복숭아나무 아래에 앉아 있었다.

파생어 peachy 복숭아 같은, 복숭아빛[색]의

516 **cosmos**
[kázməs] 코스모스   몡 우주, 코스모스

black holes in the cosmos 우주의 블랙홀
The cosmos festival will take place at the park.
코스모스축제가 공원에서 열릴 것이다.

반의어 chaos 혼란, 혼돈, 카오스
파생어 cosmic 우주의

● MEMO

517 shepherd
[ʃépərd] 쉐펄드

명 목동, 양치기, 셰퍼드

a poor shepherd 가난한 양치기
The movie is about a shepherd boy.
양치기 소년에 대한 영화이다.

518 stance
[stæns] 스탠스

명 발의 위치, 스탠스, (사물에 대한) 태도, 자세

an unpopular stance 인기 없는 태도
I take a stance in a batter's box.
나는 타자석에서 타격 자세를 취한다.

519 capture
[kǽptʃər] 캡쳘

동 잡다, 포획하다

capture a thief 도둑을 잡다
Her songs captured the hearts of Korean audiences.
그녀의 노래는 한국 관객들의 마음을 사로잡았다.

파생어 **capturer** 체포하는 사람, 사로잡는 사람
유의어 **catch** 잡다, 받다, 걸리다, 체포하다

520 housewarming
[háuswɔ́:rmiŋ] 하우스워밍

명 집들이

a small housewarming party 조촐한 집들이
My wife bought toilet rolls for a housewarming.
나의 아내는 집들이용으로 두루마리 화장지를 샀다.

● MEMO

스스로의 힘으로 작성해 봅시다.

	English	Korean
01	abundant	
02	anxiety	
03	background	
04	before	
05	capture	
06	cosmos	
07	element	
08	extinction	
09	fairly	
10	fulfill	
11	genius	
12	graphic	
13	housewarming	
14	lid	
15	mini	
16	peach	
17	rank	
18	shepherd	
19	stance	
20	taboo	

MEMO

521 sacrifice
[sǽkrəfàis] 새크러파이스

명 희생, 제물
동 희생하다

heroic self sacrif 장렬한 자기희생

So always thank them for their sacrifice and hard work.
따라서 항상 소방관들의 희생과 노력에 감사해야 합니다.

파생어 sacrificial 제물로 바쳐진

522 external
[ikstə́:rnəl] 익스터널

형 외부의, 외적인
명 외부

an external light 외부 빛

We monitored both internal and external conditions.
우리는 내·외부 상황들을 모니터링 했다.

반의어 internal 내부의, 국내의, 내장, 내재

523 uncertainty
[ʌ̀nsə́:rtnti] 언설튼티

명 불확실, 반신반의, 불안정

the uncertainty of our future 우리 미래의 불확실성

He had an air of uncertainty about him.
그는 그에 대해 반신반의하는 기색을 보였다.

파생어 uncertain 불확실한, 불투명한, 불안한
certainty 확실, 확신

524 fold
[fould] 폴드

명 주름 첩 겹, 배 동 접다

the folds of her dress 그녀 드레스의 주름

He folded the map up and put it in his pocket.
그는 지도를 접어 호주머니에 넣었다.

파생어 unfold 전개하다, 진행되다, 일어나다

● MEMO

525 **moral**
[mɔ́:rəl] 모럴

® 도덕적인, 도의상의

moral duty 도의적인 의무

I owe her a moral obligations.
나는 그녀에게 도의적 의무가 있다.

파생어 morally 도덕[도의]적으로, 도덕적 원칙에 따라
유의어 fair 공정한, 공평한

526 **model**
[mádl] 마들

® 모범, 모델, 형(型)
⑧ 본받다

a role model 역할 모델, 모범이 되는 사람

This washing machine is the latest model.
이 세탁기는 최신형이다.

파생어 modelle 모형 제작자
유의어 example 예, 본보기, 사례, 모범

527 **manuscript**
[mǽnjuskrìpt] 매뉴스크립트

® 원고(原稿)

write a manuscript 원고를 쓰다

The work is still in manuscript.
그 작품은 아직 원고 상태이다.

528 **buckle**
[bʌ́kl] 버클

® 죔쇠, 버클
⑧ 버클을 채우다

a belt buckle 혁대 버클

He buckled her belt.
그가 그녀의 벨트에 버클을 채웠다.

● MEMO

529 **friendly**
[fréndli] 프렌들리   형 친절한, 상냥한, 우호적인

a friendly **match between the two countries** 양국 간의 친선 경기
We Koreans are friendly **to strangers.**
   우리 한국인들은 낯선 사람들을 친숙히 대한다.

파생어 **befriend** 친구가 되다, 돕다
유의어 **familiar** 익숙한, 친숙한, 잘 아는

530 **hospitalize**
[háspitəlàiz] 하스피털라이즈   동 입원시키다

hospitalize **a patient** 환자를 입원시키다
He was hospitalized **with a broken leg.**
   그는 한쪽 다리가 부러져 입원했다.

파생어 **hospitalization** 입원, 입원 기간

531 **silver**
[sílvər] 실벌   명 은

a silver **chain** 은 목걸이
The silver **prize was handed to her.**
   은상이 그녀에게 돌아갔다.

532 **learn**
[ləːrn] 런   동 배우다, 공부하다, 알다

learn **the meaning of language** 언어의 의미를 배우다
I have never learned **to fight people.**
   나는 결코 사람들과 싸우는 법을 배운 적이 없다.

반의어 **teach** 가르치다, 알려주다, 훈련하다
파생어 **learned** 배웠다, 알았다

● MEMO

533 key
[ki:] 키

혱 중요한
몡 열쇠, 실마리, 비결

the key to happiness 행복을 얻는 비결
He lost his keys on the way back home.
그는 집에 오는 도중에 열쇠를 분실했다.

파생어 keyless 열쇠가 없는, 무건(無鍵)의
유의어 important 중요한, 주요한

534 firewood
[fáiərwùd] 파이얼우드

몡 장작, 땔나무

a pile of firewood 장작더미
The students gather firewood to cook meals.
학생들이 식사를 준비하기 위해 장작을 모은다.

535 protective
[prətéktiv] 프로텍티브

혱 보호하는, 보호용의, 방어하는

a protective vest 방탄 조끼
Gold is thought of as the most protective.
금은 보호성이 가장 뛰어나다고 알려져 있다.

파생어 protect 보호하다, 지키다, 방어
protection 보호, 방지, 경호

536 assist
[əsíst] 어시스트

통 돕다, 지원하다, 어시스트, 조력하다

assist a person in doing his work 남이 일하는 것을 돕다
It was a pleasure to assist the teacher.
선생님을 도울 수 있어서 기뻤다.

파생어 assistance 지원, 원조, 도움
유의어 help 돕다, 도움, 도와주다

🟢 MEMO

537 **bride**
[braid] 브라이드
명 신부

look for a bride 신붓감을 고르다
Your bride is beautiful and waiting for you.
너의 예쁜 신부가 기다리고 있어.

538 **lettuce**
[létəs] 레터스
명 상추, 쌈채소

a bacon, lettuce and tomato sandwich 베이컨, 상추, 토마토를 넣은 샌드위치
The housewife is washing lettuce under running water.
주부가 수돗물에 상추를 씻고 있다

539 **deep**
[frʌ́streit] 딥
형 깊은
부 (상당히) 깊은 곳에서

a deep river 깊은 강
A hotel in Italy has the deepest diving pool in the world.
이탈리아의 한 호텔에 세상에서 가장 깊은 수영장이 있습니다.

파생어 depth 깊이, 심도, 수심

540 **educational**
[èdʒukéiʃənəl] 에듀케이셔널
형 교육적인

an educational toy 교육 완구
You should be ready to back our educational projects.
너는 우리의 교육프로젝트를 지지할 준비를 해야 한다.

파생어 education 교육, 훈련, 교양
　　　 educate 교육하다, 가르치다, 기르다

● MEMO

스스로의 힘으로 작성해 봅시다.

	English	Korean
01	assist	
02	bride	
03	buckle	
04	deep	
05	educational	
06	external	
07	firewood	
08	fold	
09	friendly	
10	hospitalize	
11	key	
12	learn	
13	lettuce	
14	manuscript	
15	model	
16	moral	
17	protective	
18	sacrifice	
19	silver	
20	uncertainty	

MEMO

541 **discourage** [동] 낙담시키다, 단념시키다, 좌절시키다
[diskə́:ridʒ] 디스커리지

discourage from ~을 단념하게 하다
The teen golfer was not discouraged at all.
그 10대 골퍼는 전혀 낙담하지 않았다.

반의어 encourage 격려하다, 장려하다, 권하다
파생어 courage 용기, 용감

542 **chip** [명] 조각, 부스러기, 칩, 감자튀김
[ʧip] 칩

smell like potato chips 감자 칩 냄새가 나다
All main courses are served with chips or baked potato.
모든 주 메뉴에는 감자튀김이나 구운 감자가 딸려 나온다.

파생어 chipper 명랑 쾌활한

543 **client** [명] 의뢰인, 고객, 클라이언트
[kláiənt] 클라이언트

talk with our top client 우리의 최고 고객과 상담하다
A client of mine came to me.
나의 고객이 왔다.

파생어 cliental 의뢰인[고객]의[에 관한]

544 **bake** [동] 굽다
[beik] 베이크

try to bake potatoes 감자를 구우려 하다
They are baked until golden brown.
그것들은 황금빛 갈색이 될 때까지 구워진다.

파생어 bakery 제과점, 빵·과자류, 빵집

MEMO

545 **wake** [동] (잠에서) 깨어나다, 일어나다
[weik] 웨이크 wake-woke-woken

wake up early 일찍 일어나다
Daddy woke up at 5 a.m. to take the dog for a walk.
아빠는 개를 산책시키려고 새벽 5시에 일어나셨다.

[파생어] waken (잠에서) 깨다[일어나다], 깨우다
wakeful 잠이 안 든, 잠을 못 이루는

546 **errand** [명] 심부름, 볼일, 용건
[érənd] 에런드

go on an errand 심부름가다
It can go shopping and run errands by itself!
혼자서 쇼핑도 하고 심부름도 할 수 있어요!

547 **highway** [명] 고속도로
[háiwèi] 하이웨이

accidents happening on the highways 고속도로 상에서 발생하는 사고들
We met at a highway rest stop.
우리는 고속도로 휴게소에서 만났다.

548 **wit** [명] 재치, 현명함, 기지, 위트
[wit] 윗

a woman of wit and intelligence 재치와 지성을 갖춘 여성
She needed all her wits to find his way out.
그녀는 빠져나갈 길을 찾기 위해 모든 지혜를 동원해야 했다.

[파생어] witty 재치 있
[유의어] wisdom 현명, 지혜, 슬기로움

MEMO

549 quarter
[kwɔ́ːrtər] 쿼럴

몡 쿼터, ¼, 15분, 분기, 지역

invest $1 billion in the second quarter 2사분기에 10억 달러를 투자하다

More homes were sold last quarter.
지난 분기에 주택이 더 많이 팔렸다.

파생어 quarterly 분기의, 계간의, 계절마다, 연 4회

550 ranch
[rænʧ] 랜취

몡 목장, 농장

live on a ranch 목장에서 살다

He works at a ranch.
그는 목동이다.

551 following
[fɑ́louiŋ] 팔로윙

혱 다음의
젠 ~의 후에

the following meeting 다음 모임

He arrived on Thursday evening and we got there the following day.
그는 목요일 저녁에 도착했고 우리는 그 다음날 그곳에 도착했다.

파생어 follow 따르다, 뒤를 잇다, 지켜보다
　　 follower 추종자, 팔로어, 따르는 사람

552 heavy
[hévi] 헤비

혱 무거운, 대량의, 중대한

heavier than 10kg 10kg보다 더 무거운

But he became so heavy that he couldn't move at all.
하지만 그는 너무 무거워져서 전혀 움직일 수가 없었어요.

반의어 light 빛, 밝게하다, 가벼운
파생어 heavily 크게, 상당히, 과하게, 무겁게

● MEMO

553 handicap
[hǽndikæp] 핸디캡

명 불리한 조건, 장애, 핸디캡
동 불리하게 만들다

overcome a handicap 핸디캡을 극복하다.
He is a handicapped person.
그는 장애인이다.

유의어 limit 제한, 한계, 한정하다

554 sponsor
[spánsər] 스판설

명 후원, 스폰서
동 후원하다

liaise for a sponsor 스폰서를 섭외하다
His sponsor is SK Telecom.
그의 후원사는 SK텔레콤이다.

파생어 sponsorship (재정적) 후원
sponsorial 보증인의, 후원자의

555 turtle
[tə́ːrtl] 털틀

명 거북

a turtle ship 거북선
Sea turtles were found dead.
바다거북이가 죽은 채 발견되었다.

556 post
[poust] 포스트

명 기둥, 지주, 말뚝
동 올리다, 붙이다

post comments on YouTube 유튜브에 평을 올리다
The dog is tied to the post.
개가 기둥에 묶여 있다.

파생어 postage 우편 요금, 우송료
postal 우편의, 우체국의

● MEMO

557 too
[tu:] 투   🖐 또한, 너무

too late   너무 늦게
His father is too shy to speak in public.
그의 아버지는 너무나 숫기가 없어 여러 사람들 앞에서 말하는 것을 어색해 하신다.

558 unwilling
[ʌ̀nwílin] 언윌링   🖐 마음 내키지 않는, 마지못해 하는

willing or unwilling   좋든 싫든
The miser is unwilling to buy an expensive table.
그 구두쇠는 비싼 탁자를 구입할 마음이 없다.

반의어 willing   기꺼이 하는, ~할 의사가 있는
파생어 unwillingness   마음이 내키지 않음, 본의가 아님

559 unsatisfactory
[ʌ̀nsætisfǽktəri] 언새티스팩토리   🖐 불만족스러운, 불충분한, 마음에 차지 않는

be unsatisfactory   마음에 들지 않다
The result was unsatisfactory.
결과가 마음에 안찼다.

파생어 satisfy   만족시키다, 충족시키다, 이루다
유의어 satisfactory   만족스러운

560 booming
[bú:min] 부밍   🖐 꽝하고 울리는, 급속히 발전하는, 요란한

be popping and booming   꿍꽝거리다
What is that bright flash just before that booming sound?
저 요란한 소리가 나기 직전의 밝은 번쩍임은 무엇일까?

🔴 MEMO

176

스스로의 힘으로 작성해 봅시다.

	English	Korean
01	bake	
02	booming	
03	chip	
04	client	
05	discourage	
06	errand	
07	following	
08	handicap	
09	heavy	
10	highway	
11	post	
12	quarter	
13	ranch	
14	sponsor	
15	too	
16	turtle	
17	unsatisfactory	
18	unwilling	
19	wake	
20	wit	

● MEMO

561 cult
[kʌlt] 컬트

명 컬트, 숭배, 소종파(小宗派), 사이비 종교 집단

an idolatrous cult 우상 숭배

He son ran away from home and joined a cult.
그의 아들은 가출을 해서 사이비 종교 집단에 들어갔다.

파생어 cultist 극단적인 종파 주의자

562 bullet
[búlit] 불릿

명 총알, 총탄, 탄환

bullet train 총알 열차

A few bullets are enough.
총알 몇 개로도 충분하다.

563 cabin
[kǽbin] 캐빈

명 오두막집, 선실

a cabin deluxe 특등 선실

We ate the food at his cabin.
우리는 그의 오두막집에서 음식을 먹었다.

564 Poland
[póulənd] 폴런드

명 폴란드

visit Poland in May 5월에 폴란드를 방문하다

Warsaw is the capital of Poland.
바르샤바는 폴란드의 수도이다.

● MEMO

565 head
[hed] 헤드

® 머리, 지도자
® 향하다

head for 향하다
My friend hit me on the head.
친구가 내 머리를 때렸다.

반의어 tail 꼬리, 끝
파생어 headline 기사제목, 헤드라인

566 being
[bíːiŋ] 비잉

® 존재, 생물, 생존, 인생

the aim of our being 인생의 목적
The Irish Free State came into being in 1922.
아일랜드 자치주는 1922년에 존재하게 되었다.

유의어 life 삶, 생명, 생활, 인생
existence 존재, 현존, 생존, 생활, 실체

567 excellent
[éksələnt] 엑셀런트

® 뛰어난, 우수한

an excellent student 우수한 학생
You have excellent taste in clothes.
너는 옷에 뛰어난 취향을 갖고 있다.

파생어 excel 뛰어나다, 두드러지다
excellence 우수함, 장점

568 stadium
[stéidiəm] 스테이디엄

® 경기장, 운동장, 스타디움

a public stadium 공설 운동장
I saw my friends cheer the Tigers up in the stadium.
나는 경기장에서 내 친구들이 타이거즈 팀을 응원하는 것을 보았다.

● MEMO

569 **journal** [명] 잡지, 정기 간행물, 저널, 일기
[dʒə́:rnəl] 저널

subscribe to a scientific journal 과학 잡지를 정기 구독하다
Do you write a diary or journal every day?
너는 매일 일기를 쓰니?.

파생어 journalism 언론계, 저널리즘, 신문 잡지

570 **meadow** [명] 초원, 목초지, 강변의 낮은 풀밭
[médou] 메도우

search for food in an open meadow 널따란 초원에서 먹이를 찾다
They strolled around in the meadow.
그들은 풀밭을 거닐었다.

파생어 meadowy 목초지[초원, 초지]의, 풀밭이 많은

571 **starfish** [명] 불가사리
[stá:rfiʃ] 스탈피쉬

a starfish living in the ocean 바다 속에 사는 불가사리
This starfish was dead.
이 불가사리는 죽었다.

572 **nose** [명] 코, 후각
[nouz] 노우즈

have a runny nose 콧물이 나다
She has a sharp nose.
그녀의 코는 날카롭다.

파생어 nosy 참견하기 좋아하는, 꼬치꼬치 캐묻는

MEMO

573 reasonable
[ríːznəbl] 리즈너블 **휑** 이치에 맞는, 적당한

a reasonable excuse 이치에 맞는 변명
We sell good quality food at reasonable prices.
저희는 좋은 품질의 식품을 적정한 가격에 판매합니다.

파생어 reason 이유, 원인, 이성

574 vision
[víʒən] 비전 **휑** 미래상, 비전, 시력

a vision for peace 평화에 대한 비전
Mom is worrying about my vision.
엄마는 나의 시력을 걱정하고 계신다.

파생어 visionless 시력이 없는
　　　 visual 시각의, (눈으로) 보는

575 conquest
[kánkwest] 칸퀘스트 **휑** 정복, 점령, 승리

the conquests of Napoleon 나폴레옹의 정복
The conquest influenced their culture.
정복이 그들의 문화에 영향을 주었다.

파생어 conquer 정복하다
유의어 win 우승하다, 이기다, 승리하다

576 coach
[koutʃ] 코치 **휑** 마차, 감독, 코치

the head coach for the team 그 팀의 수석코치
The coach made me run faster.
감독님이 나를 더 빨리 달리게 했다.

파생어 coacher (운동 경기, 특히 야구의) 코치

● MEMO

577 federal
[fédərəl] 페더럴

(형) 연방의, 연방 정부의

a federal law 연방 법
The basketball player is in federal prison.
그 농구선수는 연방교도소에서 복역 중이다.

파생어 **federation** 연맹, 연합, 협회, 조합, 연방
유의어 **state** 국가, 상태, 주, 정부

578 anew
[ənjúː] 어뉴

(부) 새로이, 다시, 신규로

write the story anew 이야기를 새로이 고쳐 쓰다
It will be born anew as a good museum.
좋은 박물관으로 다시 태어 날 것이다.

파생어 **new** 새로운, 새, 최근의
유의어 **again** 다시, 또, 다시 한 번

579 informal
[infɔ́ːrməl] 인포멀

(형) 격식을 차리지 않는, 비공식

at an informal meeting 비공식 회담에서
Their use of informal English makes us sad.
그들의 비공식적인 영어 사용은 우리를 슬프게 한다.

반의어 **formal** 공식적인, 정식의, 형식적인
파생어 **formal** 공식적인, 정식의, 형식적인

580 outgoing
[áutgòuiŋ] 아웃고잉

(형) 나가는, 활발한, 외향적인, 사교적인

an outgoing personality 외향적인 성격
She looks outgoing and witty.
그녀는 외향적이며 위트가 있어 보인다.

반의어 **incoming** 들어오는, 후임의, 신입의
　　　ingoing 들어오는, 취임하는

● MEMO

182

스스로의 힘으로 작성해 봅시다.

	English	Korean
01	anew	
02	being	
03	bullet	
04	cabin	
05	coach	
06	conquest	
07	cult	
08	excellent	
09	federal	
10	head	
11	informal	
12	journal	
13	meadow	
14	nose	
15	outgoing	
16	Poland	
17	reasonable	
18	stadium	
19	starfish	
20	vision	

● MEMO

581 fool
[fuːl] 풀

> 명 바보
> 동 놀리다, 속이다

make a fool of yourself 바보 같은 짓을 하다
Have a nice April Fool's Day, everyone!
여러분, 즐거운 만우절 보내세요!

582 wheel
[wiːl] 윌

> 명 수레바퀴, 바퀴, 자동차의 핸들

the Wheel of Fortune 운명의 수레바퀴
The wheels of the wagon looked heavy.
마차 바퀴는 무거워 보였다.

파생어 wheelchair 휠체어

583 horse
[hɔːrs] 홀스

> 명 말

horse riding 승마, 말
A horse was used as a beast of draft.
말은 짐수레 끄는 동물로 쓰여졌다.

584 friction
[fríkʃən] 프릭션

> 명 마찰, 충돌, 불화

produce friction 마찰을 일으키다
More friction is expected.
더 많은 마찰이 예상된다.

파생어 frictionize ~에 마찰을 일으키다
　　　frictional 마찰의, 마찰로 일어나는

● MEMO

184

585 **because**
[bikɔ́ːz] 비커우즈

(접) ~때문에, 왜냐하면

because **it is windy outside** 밖에 바람이 불기 때문에
This is because **my mom is very angry at me.**
왜냐하면 우리 엄마가 나에게 매우 화가 나셨기 때문이야.

유의어 **since** ~이므로, ~이니까
　　 as ~이므로, ~이기 때문에

586 **flexible**
[fléksəbl] 플렉서블

(형) 유연성 있는, 신축성 있는

a flexible **wrist band** 신축성 있는 손목 밴드
As you can see, she has a very flexible **body.**
보다시피 그녀는 매우 유연한 몸을 가지고 있습니다.

파생어 **flection** 굴곡, 만곡(彎曲), 휨
　　 flexibly 유연하게, 융통성 있게

587 **slippery**
[slípəri] 슬리퍼리

(형) 미끄러운, 미끈거리는

slippery **like a fish** 물고기처럼 미끈거리는
His hand was slippery **with sweat.**
그의 손은 땀이 나서 미끈거렸다.

파생어 **slip** 미끄러지다, 빠지다, 실수, 떨어지다
　　 slipper 슬리퍼, 실내화

588 **against**
[əgénst] 어겐스트

(전) ~에 반대하여, ~에 대항하여, ~에 기대어

cross the street against **the signals** 신호를 무시하고 도로를 횡단하다
The table rests against **the wall.**
탁자를 벽에 기대어 놓다.

파생어 **anti** ~에 반대하여
유의어 **opposite** 정반대의, 상대, 상반되는

● MEMO

589 **dessert**
[dizə́:rt] 디절트   몡 디저트, 후식

the sweet dessert 단 후식
An apple is good enough for my dessert.
나의 경우 디저트로 사과 하나면 족하다.

590 **tray**
[trei] 트레이   몡 쟁반, 접시, 함, 받침대, 트레이

sterling silver tray 순은 접시
Mom put food on the tray.
엄마가 쟁반에 음식을 담았다.

591 **sole**
[soul] 소울   혱 단 하나의, 유일한

the sole wine expert 유일한 와인 전문가
Its sole purpose is to help find jobs.
그것의 유일 목적은 구직을 돕고자 함이다.

파생어 solely 오로지, 오직, 단지
유의어 only 유일한, 유일하게, 단지

592 **courageous**
[kəréidʒəs] 커레이저스   혱 용기 있는, 용감한

courageous students 용감한 학생들
She will make a courageous decision.
그녀는 용기 있는 결정을 할 것이다.

파생어 courage 용기, 용감

● MEMO

186

593 **museum**
[mju:zíːəm] 뮤지엄

몡 박물관, 미술관,

museum of natural history 자연사박물관
Photo-taking is not allowed in the museum.
박물관에서는 사진 촬영이 허용되지 않는다.

594 **blonde**
[bland] 블란드

몡 블론드의, 금발의
몡 블론드, 금발

a blue-eyed blonde 푸른 눈의 금발 머리 여자
The blonde looks out the window.
금발의 여자가 창밖을 바라본다.

595 **sweet**
[swi:t] 스윗

몡 달콤한, 맛좋은, 감미로운

sound sweet 달콤하게 들리다
I had a craving for something sweet.
나는 뭔가 단 것이 너무 먹고 싶었다.

반의어 **bitter** 쓴, 씁쓸한, 쓰라린, 쓴맛
파생어 **sweeten** 달게 하다, ~을 매수하다

596 **confident**
[kánfidənt] 컨피던트

몡 자신 있는, 확신하는

be confident of victory 승리를 확신하고 있다
The parents were confident of my success.
부모님들은 나의 성공을 확신하셨다.

반의어 **modes** 겸손한, 적당한, 수수한, 정숙한
파생어 **confidence** 자신감, 신뢰, 확신

● MEMO

597 **double** [형] 두 배의 [부] 두 배로, 이중으로 [명] 두 배, 2루타
[dʌ́bl] 더블

hit a double 2루타를 치다
To open a document quickly, you can double-click its icon.
문서를 빨리 열려면 문서 아이콘을 두 번 클릭해라.

반의어 single 하나의, 단일의, 싱글, 독신의
파생어 doubleness 중복성, 이중, 2배 크기

598 **priority** [명] 우선순위, 중요
[praiɔ́:riti] 프라이어리티

my top priority 나의 최우선순위
What is your priority in life?
인생에서 당신에게 가장 중요한 것은 무엇입니까?

599 **command** [명] 명령, (언어의) 구사 [동] 명령하다, 구사하다
[kəmǽnd] 커맨드

command six language 6개 국어를 구사하다
I went to Europe at his command.
나는 그의 명령을 받고 유럽에 갔다.

파생어 commander 사령관, 지휘관
유의어 order 명령하다, 질서, 주문하다

600 **fiber** [명] 섬유, 섬유질, 섬유 조직
[fáibər] 파이벌

eat more fiber 섬유질을 보다 많이 섭취하다
This cereal also contain a lot of fiber.
이 시리얼에는 섬유질도 많이 들어 있다.

MEMO

스스로의 힘으로 작성해 봅시다.

	English	Korean
01	against	
02	because	
03	blonde	
04	command	
05	confident	
06	courageous	
07	dessert	
08	double	
09	fiber	
10	flexible	
11	fool	
12	friction	
13	horse	
14	museum	
15	priority	
16	slippery	
17	sole	
18	sweet	
19	tray	
20	wheel	

MEMO

601 sociable
[sóuʃəbl] 소셜어블   형 사교적인, 친목적인

a sociable person 사교적인 사람

I'm doing quite well with sociable activities.
나는 사교활동도 꽤 괜찮은 편이다.

파생어 society 사회, 연구회, 협회, 집단
       social 사회의, 소셜, 사교적인

602 gear
[giər] 기얼   명 장비, 기어, 장치
               동 기어를 넣다, 준비하다

the landing gear of an airplane 비행기의 착륙 장치

Bring your own gear or rent equipment there.
여러분의 장비를 가져오거나 거기서 빌려도 됩니다.

603 sweat
[swet] 스웻   명 땀
            동 땀 흘리다

a face wet with sweat 땀으로 젖은 얼굴

He wiped the sweat from his face.
그는 얼굴의 땀을 닦았다.

파생어 sweaty 땀투성이의, 땀에 젖은

604 hiccup
[híkʌp] 히컵   명 딸꾹질

have the hiccups 딸꾹질을 하다

Does holding your breath work for hiccups?
숨을 멈추는 것이 딸꾹질에 도움이 되냐?

● MEMO

605 recommend 통 추천하다, 권고하다
[rèkəménd] 레커멘트

recommend an applicant for a job 어떤 일에 후보자를 추천하다
Scientists recommend careful use of headphones.
과학자들은 주의해서 헤드폰을 사용할 것을 권고한다.

파생어 recommendation 권고, 추천
recommendatory 추천의, 권고의

606 universe 명 우주, 세계
[jú:nivə́:rs] 유니벌스

the origin of the universe 우주의 기원
The universe provides us with what we need.
우주는 우리에게 필요한 것을 제공해 준다.

파생어 universal 보편의
유의어 space 우주

607 triumph 명 승리, 정복
[tráiəmf] 트라이엄프   통 이기다

a triumph of third-year students 3학년 학생들의 승리
It was a personal triumph over my rival.
그것은 나의 라이벌에 대한 개인적인 승리였다.

파생어 triumphal 승리를 축하하는, 개선의
triumphant 크게 성공한, 큰 승리를 거둔

608 stick 명 막대기, 지팡이
[stik] 스틱   통 찌르다, 달라붙다, 고수하다 stick-stuck-stuck

prod a dog with a stick 개를 막대기로 찌르다
The nurse stuck the needle into my arm.
간호사가 내 팔에 주사 바늘을 찔렀다.

파생어 sticky 끈적거리는, 달라붙는, 까다로운
유의어 pole 막대기, 장대, 기둥

● MEMO

609 lawyer
[lɔ́ːjər] 로이얼

명 변호사, 법률가

the time of the lawyer exam 변호사 시험 기간

I want to talk to my lawyer.
저의 변호사님과 이야기하고 싶은데요.

파생어 law 법, 법률, 법칙
　　　lawful 합법적인

610 trick
[trik] 트릭

명 속임수, 재주, 요술, 마술, 장난, 트릭
동 속이다, 장난치다

perform card tricks 카드로 요술을 부리다

The magician did a trick to surprise us.
마술사가 우리를 놀라게 하려고 속임수를 썼다.

파생어 tricky 교활한, 교묘한
　　　trickery 속임수, 사기, 계략

611 retail
[ríːteil] 리테일

형 소매의, 소매상의　명 소매　동 소매하다

retail markets 소매 시장들

This silk scarf retails for $10.
이 실크스카프는 소매가가 10달러이다.

반의어 wholesale 도매, 대대적인, 대량의

612 injection
[indʒékʃən] 인젝션

명 주사, 주입, 분사

a fuel-injection system 연료 분사 시스템

I am going to get an injection tomorrow.
나는 내일 주사 맞을 거야.

파생어 inject 주입하다

● MEMO

613 tax
[tæks] 텍스

몡 세금, 조세

include tax 세금이 포함되다

Who are cheating on income taxes?
누가 소득세를 속이냐?

파생어 **taxable** 과세대상, 과세 대상이 되는, 과세할 수 있는
유의어 **duty** 세금, 관세

614 schoolwork
[skú:lwə̀:rk] 스쿨월크

몡 학교 공부, 학업, 학교에서의 수업 및 숙제

focus on schoolwork 학업에 전념하다

You have to do some schoolwork.
숙제는 해야지.

615 franchise
[fræntʃaiz] 프랜차이즈

몡 체인점 영업권, 프랜차이즈, 선거권

national franchise 전국 규모의 프랜차이즈

He is running a pizza franchise restaurant at the market.
그는 시장에서 피자 가맹점을 운영하고 있다.

파생어 **franchisee** 체인점, 프랜차이즈 가맹점

616 daycare
[déikèər] 데이케얼

혱 보육의, 주간 탁아소의

a free daycare center 한 무료 탁아소

Daycare costs were included.
보육비가 포함되었다.

● MEMO

617 blueprint
[blú:prìnt] 블루프린트   몡 청사진(靑寫眞), 상세한 계획

a blueprint for running the school   학교운영의 청사진
He will present a blueprint for tourism.
그는 관광을 위한 청사진을 제시할 것이다.

618 amused
[əmjú:zd] 어뮤즈드   혱 재미있는, 즐기는

amused spectators   즐거워하는 구경꾼들
I'm so amused to see their performance.
나는 그들의 공연을 보게 되어 너무 즐겁다.

파생어 amuse 즐겁게 하다
     amusement 놀이

619 invaluable
[invæljuəbl] 인밸류어블   혱 값을 헤아릴 수 없는, 매우 귀중한

invaluable paintings   값을 헤아릴 수 없는 그림들
The cave is filled with invaluable treasures.
그 동굴은 매우 귀중한 보물로 가득 차 있다.

파생어 value 가치, 가치관, 평가, 가격
     valuable 가치있는, 귀중한

620 imaginary
[imædʒinèri] 이매지너리   혱 상상의, 가상의

an imaginary enemy   가상의 적
He has an imaginary friend.
그는 상상 속의 친구가 있다.

반의어 real 진짜의, 실제의, 진정한
파생어 imagine 상상하다, (마음속으로) 그리다

● MEMO

스스로의 힘으로 작성해 봅시다.

	English	Korean
01	amused	
02	blueprint	
03	daycare	
04	franchise	
05	gear	
06	hiccup	
07	imaginary	
08	injection	
09	invaluable	
10	lawyer	
11	recommend	
12	retail	
13	schoolwork	
14	sociable	
15	stick	
16	sweat	
17	tax	
18	trick	
19	triumph	
20	universe	

MEMO

621 **embassy** [명] 대사관
[émbəsi] 엠버시

the Korean Embassy in Indonesia 주 인도네시아 한국대사관
The ceremony was held at the Embassy of China.
기념식이 중국대사관에서 열렸다.

622 **intensively** [부] 강하게, 집중적으로
[inténsivli] 인텐시블리

intensively lobby 집중적으로 로비를 하다
The student started studying Korean intensively.
그 학생은 한국어를 집중적으로 공부하기 시작했다.

파생어 intensity 강도, 강렬함, 집중, 중요성
intensive 집중적인, 강도 높은, 집약적인

623 **soft** [형] 부드러운, 소프트한
[sɔ:ft] 소프트

a soft ice cream 부드러운 아이스크림
Perhaps my father is too soft.
아마도 우리 아버지는 너무 부드러우신 분인 것 같다.

반의어 hard 열심히, 어려운, 힘든
파생어 soften 완화시키다, 부드러워지다, 누그러지다

624 **freedom** [명] 자유, 해방
[frí:dəm] 프리덤

give a slave his freedom 노예를 해방하다
I want more freedom.
나는 더 많은 자유를 원한다.

파생어 free 자유의, 무료의
유의어 liberty 자유, 해방

MEMO

625 **distinguish**
[distíŋgwiʃ] 디스팅귀쉬
동 구별하다, 식별하다, 차별하다

distinguish **between reporters and fans** 기자와 팬을 구별하다
It is important to distinguish **good from evil.**
선악을 구별한다는 것은 중요한 일이다.

파생어 distinguishable 구별할 수 있는, 분간할 수 있는
유의어 separate 가르다, 떼다, 분리하다

626 **mustache**
[mʌ́stæʃ] 머스태쉬
명 콧수염

used to wear a mustache 콧수염을 기르곤 했다
The fashion designer is famous for his mustache.
그 패션 디자이너는 콧수염으로 유명하다.

627 **submarine**
[sʌ̀bmərí:n] 서브마린
명 잠수함

a nuclear submarine 원자력 잠수함
A submarine touched off a missile.
잠수함이 미사일을 발사했다.

628 **initial**
[iníʃəl] 이니셜
형 처음의, 초기의
명 머리글자, 첫글자

the initial response 초기 반응
The initial driving tests have successfully completed.
초기 주행 테스트가 성공적으로 완료되었다.

파생어 initiate 개시되게 하다, 착수시키다
initially 처음에

● MEMO

629 **sigh** [명] 한숨, 탄식
[sai] 싸이 [동] 한숨 쉬다, 탄식하다

give a deep sigh 한숨을 깊이 내쉬다
Kim sighed with impatience.
김은 초조한 기색으로 한숨을 쉬었다.

630 **school** [명] 학교, 떼, 학파
[sku:l] 스쿨

elementary school 초등학교
That is why I ought to work hard at school.
이것이 내가 학교에서 공부를 열심히 해야만 하는 이유이다.

631 **art** [명] 미술, 예술
[a:rt] 알트

Western art 서양 미술
Art is long, life is short.
예술은 길고 인생은 짧다.

반의어 nature 자연, 본성, 성격
파생어 artist 예술가, 아티스트, 화가

632 **outlet** [명] 출구, 판매점, 직판점, 아울렛
[áutlet] 아웃렛

go shopping at the outlet 아울렛에 쇼핑하러 가다
The business has 34 retail outlets in this state alone.
그 사업체는 이 주에만도 34개의 직판점을 두고 있다.

유의어 market 시장, 마켓, 상가
store 가게, 저장, 상점

MEMO

633 fashionable
[fǽʃənəbl] 패션어블

톙 최신 유행의, 멋있는

634 confess
[kənfés] 컨페스

동 자백하다, 고백하다

confess to a love for kimchi 김치 좋아함을 고백하다

He confessed he had stolen the money.
그가 돈을 훔쳤다고 자백했다.

반의어 deny 부인하다, 부정하다

635 wheelchair
[wíːltʃɛ̀ər] 휠체얼

명 바퀴의자, 휠체어

wheelchair users 휠체어 이용자들

The teacher is sitting in the wheelchair.
선생님이 휠체어에 앉아 계신다.

파생어 wheeled 바퀴 달린

636 attitude
[ǽtitjùːd] 애티튜드

명 태도, 자세, 몸가짐

a manly attitude 남자다운 태도

Their attitudes toward him have changed.
그에 대한 그들의 태도가 달라졌다.

파생어 attitudinal 태도의, 사고 방식의
.

● MEMO

637 **expedition** 명 탐험, 원정, 원정대
[èkspədíʃən] 엑스페디션

a Himalayan expedition team 히말라야원정대
All of us want to finish the expedition.
우리 모두는 탐험을 끝내고 싶다.

파생어 **expedite** 더 신속히 처리하다
    expeditious 신속한, 효율적인

638 **implement** 명 도구
[ímpləmənt] 임플러멘트   동 [ímpləmènt] 실행하다, 실시하다, 이행하다

implement a series of measures 일련의 대책들을 실행하다
Do you have any plans to implement a better service?
더 나은 서비스의 실행을 위한 계획들을 갖고 계세요?

파생어 **implementation** 이행, 실행, 완성
유의어 **perform** 이행하다, 실행하다, 다하다

639 **well-known** 형 잘 알려진, 유명한
[wélnóun] 웰노운

the school's well-known legend 그 학교의 잘 알려진 전설
A well-known tree of the region is the acacia.
그 지방의 잘 알려진 나무는 아카시아이다.

640 **feed** 명 먹이, 사료 동 먹이다 feed-fed-fed
[fi:d] 피드

feed on ~을 먹다
How often do you feed your baby?
당신의 아이에게 얼마나 자주 음식을 줍니까?

유의어 **food** 음식, 식량

● MEMO

스스로의 힘으로 작성해 봅시다.

	English	Korean
01	art	
02	attitude	
03	confess	
04	distinguish	
05	embassy	
06	expedition	
07	fashionable	
08	feed	
09	freedom	
10	implement	
11	initial	
12	intensively	
13	mustache	
14	outlet	
15	school	
16	sigh	
17	soft	
18	submarine	
19	well-known	
20	wheelchair	

MEMO

641 scout
[skaut] 스카우트

몡 스카우트, 정찰
동 찾아내다

a scout offer 스카우트 제의

The team wants to scout talented players.
팀은 재능 있는 선수들을 스카우트하기를 원한다.

642 auction
[ɔ́:kʃən] 억션

몡 경매
동 경매에서 팔다, ~을 경매하다

the day of the auction 경매 당일

He saw how people auctioned fish.
그는 사람들이 생선 경매하는 것을 보았다.

643 throughout
[θru:áut] 쓰루아웃

젠 ~을 통하여, 처음부터 끝까지, ~동안 죽, 내내

read a book throughout 책을 처음부터 끝까지 죽 읽다

The restaurant is open throughout the year.
그 음식점은 연중 내내 영업한다.

644 challenge
[tʃǽlindʒ] 챌린지

몡 도전
동 도전하다

challenge the world record 세계 기록에 도전하다

It was too challenging for most of us.
그것은 우리 대부분에게 너무 도전적이었다.

파생어 challenger 도전자, 수하하는 사람
유의어 dare 도전, 용기, 기력

● MEMO

202

645 must
[mʌst] 머스트

명 절대로 필요한 것
동 반드시 ~하다, 틀림없이 ~일 것이다, ~해야 하다

must be tired after a long walk 오래 걸어 피곤함에 틀림없다
We must eat to live.
사람은 살기 위해 먹어야 한다.

646 accident
[ǽksidənt] 액시던트

명 사건, 사고

avoid an accident 사고를 피하다
How can car accidents **be prevented?**
자동차 사고는 어떻게 예방 될 수 있을까요?

파생어 accidentally 우연히, 잘못하여, 뜻하지 않게
　　　accidental 우발적인, 우연한

647 rigorous
[rígərəs] 리거러스

형 엄격한, 혹독한, 철저한

a rigorous training 엄격한 훈련
That school keeps the students under rigorous **discipline.**
그 학교는 규율이 엄하다.

파생어 rigorously 엄격히, 엄밀히.
유의어 strict 엄격한, 강력한, 철저한

648 recall
[rikɔ́:l] 리콜

명 회상, 기억
동 생각나게 하다, 상기하다, 기억해 내다

the tests of the students' recall 학생 기억 테스트
I can't recall **my school days well.**
나는 학창 시절을 잘 기억할 수 없다.

유의어 remember 기억하다, 생각하다, 잊지 않는다
　　　memory 기억, 상기

🟢 MEMO

649 **similar**
[símilər] 씨밀럴
[형] 유사한, 비슷한, 동종의

two similar paintings 유사한 두 장의 그림
As a matter of fact, I had a similar experience.
사실 나도 비슷한 경험이 있어.

[파생어] similarly 비슷하게, 마찬가지로, 유사하게
similarity 유사점, 비슷함, 공통점

650 **glad**
[glæd] 글래드
[형] 기쁜, 고마운

the glad news 기쁜 소식
They were glad to see her.
그들은 그녀를 보게 되어 기뻤다.

[반의어] sad 슬픈, 안타까운, 가슴아픈
[파생어] gladness 기쁨, 즐거움

651 **wallet**
[wálit] 월릿
[명] 지갑

leave my wallet at home 나의 지갑을 집에 두고 오다
I don't have enough money in my wallet.
제 지갑에 돈이 충분치 있지 않아요.

652 **claim**
[kleim] 클레임
[동] 주장하다, 요구하다

claimed in a letter 편지로 주장했다
Many claim that a vegetarian diet significantly improves one's health.
많은 사람들은 채식주의 식단이 사람의 건강을 상당히 개선한다고 주장한다.

[파생어] unclaimed 요구되지 않은, 청구자가 없는
[유의어] demand 요구하다, 수요, 까다롭다, 요청하다

MEMO

653 certainly
[sə́:rtnli] 썰튼리

(부) 확실히, 분명히, 절대적으로

almost certainly 거의 확실히
Things have certainly **changed a lot.**
　상황이 확실히 많이 바뀌었다.

파생어 certain 특정한, 어떤, 어느, 확실한

654 holder
[hóuldər] 홀더

(명) 소지자, 용기 가지고 있는 사람

a traffic card holder 교통카드 소지자
Master's degree holders **will be welcomed.**
　석사학위 소지자는 환영받을 것이다.

파생어 hold 열다, 보유하다, 잡다, 기다리다
　　　 holdin 들고, 개최, 지주, 보유물

655 baseball
[béisbɔ̀:l] 베이스볼

(명) 야구, 베이스볼

a tall baseball **player** 키가 큰 야구 선수
The baseball **game was over at 11 p.m.**
　야구 시합이 저녁 11시에 종료되었다.

파생어 baseballer 야구 선수

656 gloriously
[glɔ́:riəsli] 글로리어슬리

(부) 멋지게, 훌륭하게, 찬란하게, 명예롭게

wrap the present gloriously 멋지게 선물을 포장하다
He died gloriously **for his country.**
　그는 나라를 위해 명예롭게 죽었다.

● MEMO

657 capacity
[kəpǽsiti] 커패시티 명 능력, 역량, 수용량, 정원

be crowded beyond capacity 정원 초과로 초만원이다
We need just to apply this capacity further in the oceans.
우리는 이 역량을 바다에서 활용해야 합니다.

파생어 capable ~할 수 있는
incapacitate ~을 무능하게 하다, ~을 실격시키다

658 residential
[rèzidénʃəl] 레지덴셜 형 주거의, 주택의

a residential area 주택 지구
Is the PC room located in a residential area near the school?
PC방이 학교 근처 주거 지역에 위치해 있습니까?

반의어 commercial 상업의
파생어 residence 주택, 주거, 거주지

659 homesick
[hóumsìk] 홈씩 형 향수병의, 고향을 그리워하는

homesick soldiers 고향을 그리워하는 병사들
I got homesick for my home country.
나는 고국에 대한 그리움이 생겼다.

파생어 homesickness 향수병

660 midlife
[mídláif] 미드라이프 형 중년의
명 중년

experience a disappointing midlife 실망스런 중년을 경험하다
At midlife, he hasn't lost hope.
중년의 나이임에도 그는 희망을 잃지 않고 있다.

● MEMO

스스로의 힘으로 작성해 봅시다.

	English	Korean
01	accident	
02	auction	
03	baseball	
04	capacity	
05	certainly	
06	challenge	
07	claim	
08	glad	
09	gloriously	
10	holder	
11	homesick	
12	midlife	
13	must	
14	recall	
15	residential	
16	rigorous	
17	scout	
18	similar	
19	throughout	
20	wallet	

MEMO

661 **owe** [동] 빚지다, ~을 신세지고 있다
[ou] 어우

owe 10 million won to the bank 은행에 1천만 원의 빚이 있다
I owe much to him.
그에게는 여러 모로 신세를 지고 있다.

662 **explorer** [명] 탐험가, 익스플로러
[ikspló:rər] 익스플러럴

oil explorers 석유 탐험가들
Most of the explorers got lost.
대부분의 탐험가들이 길을 잃었다.

파생어 explore 탐구하다, 탐험하다, 연구하다
exploration 탐사, 탐험, 개발

663 **wire** [명] 철사, 전선, 전신
[동] 전송(電送)하다, 네트워크에 연결하다
[waiər] 와이얼

overhead wires 머리 위의 전선
The box was fastened with a wire.
그 상자는 철사로 묶여 있었다.

파생어 wireless 무선의, 이동, 선 없는

664 **philosophy** [명] 철학, 원리
[filásəfi] 필라서피

the Pythagorean philosophy 피타고라스 원리
This is her philosophy of life!
이것이 그녀의 인생철학이다.

파생어 philosopher 철학자

MEMO

665 bubble
[bʌbl] 버블

명 거품, 기포(氣泡), 비눗방울, 과열

burst like a bubble 물거품처럼 사라지다
They disappear with soap bubbles.
그것들은 비누 거품과 함께 사라진다.

파생어 **bubbly** 거품이 많은, 거품이 이는
유의어 **foam** 거품이 일다

666 institute
[ínstitjùːt] 인스티튜트

명 연구소, 협회, 강습회
동 시행하다, ~를 시작하다

institute an investigation 조사를 시작하다
I'm learning math and English at a private institute.
학원에서 수학과 영어를 배우고 있어.

파생어 **institution** 기관, 협회, 부처, 학회
유의어 **begin** 시작하다, 발생하다, 착수하다

667 capital
[kǽpitl] 캐피털

명 자본, 수도, 대문자

raise capital 자본을 마련하다
Paris is the capital of France.
파리는 프랑스의 수도다.

반의어 **labor** 노동, 근로, 노력
유의어 **money** 돈, 자금, 금액

668 butcher
[bútʃər] 부철

명 정육점 주인
동 도살하다

a family butcher 단골 정육점 주인
The butcher began to sell pork.
정육점 주인이 돼지고기를 팔기 시작했다.

파생어 **butcherly** 백정 같은, 잔인한

● MEMO

669 slump
[slʌmp] 슬럼프

명 쿵 떨어짐, 부진, 급락(急落), 불경기, 슬럼프
동 떨어지다, 푹 쓰러지다

hit a slump 슬럼프에 빠지다
Some players are still in slump.
일부 선수들은 여전히 슬럼프에 빠져 있다.

유의어 drop 하락, 떨어지다, 떨어뜨리다
    fall 떨어지다, 가을, 감소하다

670 respectfully
[rispéktfuli] 리스펙트풀리

부 공손하게, 정중하게, 예의바르게

communicate respectfully 공손하게 대화하다
The hostess talked to us respectfully.
초대한 여주인은 우리에게 공손히 말했다.

파생어 respect 존중, 존경하다
    respectful 존경하는, 예의바른

671 guard
[ga:rd] 갈드

명 보호자, 감시인, 경비원, 경계
동 지키다

a school guard 학교 경비원
A guard was posted outside the building.
그 건물 밖에는 경비원이 한 명 배치되어 있었다.

파생어 guarder 지키는 사람, 수호자
    guardless 지키는 사람이 없는

672 instruct
[instrʌ́kt] 인스트럭트

동 지시하다, 가르치다

before instructing others 남을 가르치기 전에
The teacher instructs him to review more.
선생님이 그에게 좀 더 복습하라고 지시한다.

파생어 instruction 교육, 지시, 방법, 설명
    instructor 강사, 지도자, 교사

● MEMO

673 dentist
[déntist] 덴티스트 　　　　명 치과의사

have my tooth pulled out by the dentist 치과 의사에게 이를 뽑게 하다
Most dentists recommend sugarless gum.
대부분의 치과의사들은 무설탕 껌을 추천한다.

674 relieve
[rilí:v] 릴리브 　　　　동 경감하다, 해소시키다, 안심시키다, 덜어 주다

relieve a person's mind 남의 걱정을 덜어 주다.
There are many ways to relieve your stress.
스트레스를 해소하는 방법은 여러 가지가 있습니다.

파생어 **relief** 안도, 안심
유의어 **reduce** 줄이다, 감소시키다, 줄어들다

675 outspoken
[àutspóukn] 아웃스포큰 　　　　형 솔직한, 정직한, 노골적인

outspoken supporters 노골적인 지지자들
I ask your outspoken views of you.
나는 너의 솔직한 견해를 듣고 싶다.

파생어 **speak** 말하다, 사용하다, 이야기하다
　　　 speaker 연설자, 의장, 화자, 연설가

676 up
[ʌp] 업 　　　　부 위쪽으로, 위에, 완전히, (잠자리에서) 일어나
　　　　형 올라가는　명 상승

look up at the sky 하늘을 쳐다보다
She isn't up yet.
그녀는 아직 일어나지 않았다.

반의어 **down** 내리다, 지다, 내려가다
파생어 **upper** 위쪽의

● MEMO

677 southern
[sʌ́ðərn] 써던

형 남쪽의, 남부의

a strong southern wind 강한 남풍
The river falls into the southern sea.
그 강은 남쪽 바다로 흘러든다

파생어 south 남쪽, 남부, 남극
southward 남쪽으로

678 shuttle
[ʃʌ́tl] 셔틀

명 (근거리간의) 정기 왕복로, 정기 왕복 교통 기관, 셔틀

a space shuttle 우주 왕복선
I memorize English words on the shuttle bus.
나는 셔틀 버스에서 영어 단어를 외운다.

679 cooperate
[kouάpərèit] 코아퍼레이트

동 협력하다, 협동하다, 협조하다

cooperate together in every matter 매사에 서로 함께 협력하다
They cooperated in handling the lack of drinking water.
그들은 협력해서 식수 부족을 다뤘다.

파생어 cooperation 협력, 협조, 교류, 협동조합
operate 운영하다, 영업하다, 작동하다

680 tap
[tæp] 탭

명 수도꼭지, 가볍게 두드림
동 가볍게 두드리다, 활용하다

make a tap on the window 창문을 두드리다
Tap water is safe to drink.
수돗물은 마시기에 안전하다.

유의어 touch ~에 대다, 건드리다, 건드려 보다, 만지다
knock 치다, 때리다, 두드리다

🔴 MEMO

스스로의 힘으로 작성해 봅시다.

	English	Korean
01	bubble	
02	butcher	
03	capital	
04	cooperate	
05	dentist	
06	explorer	
07	guard	
08	institute	
09	instruct	
10	outspoken	
11	owe	
12	philosophy	
13	relieve	
14	respectfully	
15	shuttle	
16	slump	
17	southern	
18	tap	
19	up	
20	wire	

● MEMO

681 primary
[práimeri] 프라이메리

(형) 주요한, 제일의, 첫째의, 초급의

one's primary goals in life 인생의 주요 목적
The primary purpose of publishing books is to get famous and rich.
책 출간의 주요 목적은 유명해지고 부자가 되고자 함이다.

파생어 primarily 주로, 우선, 원래
유의어 major 주요한, 큰

682 shall
[ʃæl] 쉘

(동) ~일 것이다, ~일까요, (의무·필요·예언) ~해야 한다, ~하리라

who shall remain nameless 이름은 말할 수 없지만
I shall be fourteen in March.
3월에 나는 14살이 된다.

683 mechanical
[mikǽnikəl] 미캐니컬

(형) 기계적인, 자동적인

mechanical parts 기계 부품
A car with mechanical problems stopped.
기계 결함이 있는 차가 멈춰 섰다.

파생어 machine 기계, 머신, 기구
machinery 기계, 조직, 장치, 기구

684 game
[geim] 게임

(명) 놀이, 시합, 게임

win the game 시합에 이기다
We can't wait to see the baseball game this weekend.
우리는 이번 주말 야구 경기 보러가는 것을 고대하고 있다.

유의어 match 경기, 어울리다, 성냥

● MEMO

685 **preserve** [동] 보존하다, 보호하다, 유지하다, 보전하다
[prizə́:rv] 프리절브

the only way to preserve the environment 환경을 보전하는 유일한 방법
The house has been preserved for future generations.
그 집은 장래의 세대들을 위해 보존되어 있다.

파생어 preservation 보존
preservable 보존할 수 있는

686 **overseas** [형] 해외의, 외국의
[òuvərsí:z] 오벌씨즈 [부] 해외로, 외국에

go overseas 해외로 가다
The company is to enter overseas markets this spring.
그 회사는 올 봄에 해외 시장에 진출할 것이다.

687 **drug** [명] 약, 약품, 약제, 마약, 마취약
[drʌg] 드러그

drug companies 제약사
Sports can also deliver the addictive qualities of a drug
스포츠 또한 마약과 같은 중독성을 지니고 있다.

유의어 medicine 의학, 약

688 **flash** [명] 섬광, 순간, 돌발, 분출
[flæʃ] 플래쉬 [동] 번쩍이다

a flash oflightning 번갯불의 번쩍임
The lightning flashed under the tree.
나무 아래에서 번개가 번쩍였다.

유의어 shine 빛나다, 반짝이다
sparkle 번쩍이다, 번득이다

MEMO

689 victor
[víktər] 빅털

명 승리자

the warm-hearted victor 마음이 따뜻한 승리자
She came out as the real victor.
그녀가 진정 승자였다.

파생어 victory 승리, 전승, 우승

690 hire
[haiər] 하이얼

명 [英] 대여
동 고용하다, 채용하다, 빌리다

a car-hire agency 자동차 대여점
Hiring new staff is tough.
새로운 직원을 고용하는 것은 어려운 일이다.

파생어 hirer 고용주, [영] (동산) 임차인
    hirable 임차(賃借)할[빌릴] 수 있는, 고용할 수 있는

691 diligence
[dílidʒəns] 딜리전스

명 근면, 성실, 부지런함

study one´s lessons with diligence 학업을 부지런히 하다
He is known for his diligence.
그는 부지런하다고 알려져 있다.

반의어 negligence 태만, 무관심, 부주의
파생어 diligent 부지런한, 근면한

692 exchange
[ikstʃéindʒ] 익스체인지

명 교환, 환율, 거래소
동 교환하다, 맞바꾸다, 환전하다

exchange dollars for pounds 달러를 파운드로 환전하다
Ties can be exchanged within one week.
넥타이는 일주일 내에 교환이 가능하다.

파생어 exchangeability 교환[교역]할 수 있음, 교환 가치
    exchangeable 교환 가능한

● MEMO

216

693 **parrot**
[pǽrət] 패럿

몡 앵무새, 되풀이하는 사람

a parrot in the cage 새장 속의 앵무새
She bought a parrot at the market.
그녀는 시장에서 앵무새 한 마리를 샀다.

파생어 parrotry 멋도 모르고 말을 따라하기, 비굴한 모방
　　　 parroty 앵무새 같은

694 **wealth**
[welθ] 웰쓰

몡 부, 부유함, 재산

growth and wealth 성장과 부
East is the direction of wealth.
동쪽은 부의 방향이다.

파생어 wealthy 부유한, 부자인
유의어 fortune 부, 재산, 큰 재물

695 **cafeteria**
[kæfətíəriə] 캐퍼테리아

몡 셀프 식당, 카페테리아

drink milk at the cafeteria 카페테리아에서 우유를 마시다
I invited my friends to a cafeteria.
나의 친구들을 셀프식당에 초대했다.

696 **directly**
[diréktli] 디렉틀리

뭔 곧장, 직접으로, 즉시로, 똑바로

change your life directly 네 삶을 직접 바꾸다
He looked directly at us.
그는 우리를 똑바로 바라보았다.

파생어 direct 직접의, 감독하다, 연출하다, 지시하다
　　　 direction 방향, 지시, 길, 목표

● MEMO

697 fly
[flai] 리플라이

명 파리
동 날다, 비행하다 fly-flew-flown

fly by 날아서 지나가다

The plane was flying at a speed of 260 km/h!
비행기는 260km/h의 속도로 날았습니다.

파생어 flight 여행, 비행
flyable 비행하기에 알맞은

698 automatically
[ɔ́ːtəmǽtikəli] 오토매티컬리

부 자동적으로, 자연히

automatically start 자동으로 출발하다

The screen door was automatically shut.
스크린 도어가 자동으로 닫혔다.

파생어 automatic 자동의, 자연적으로, 무의식
automation 자동화

699 performance
[pərfɔ́ːrməns] 펄포먼스

명 수행, 실행, 기능, 실적, 연주, 공연

a live performance of Lady Gaga 레이디 가가의 라이브 공연

He has shown enthusiasm in the performance of his duties.
그는 임무 수행에 열의를 보여 왔다.

파생어 perform 공연하다, 수행하다, 연주하다
performer 공연가, 연기자

700 bookmark
[búkmàːrk] 북말크

명 서표, 즐겨찾기, 북마크
동 즐겨찾기에 추가하다

bookmark the sites 사이트들을 즐겨찾기에 추가해 넣다

I log in the music site on my bookmark.
나는 북마크 된 음악 사이트에 로그인한다.

● MEMO

스스로의 힘으로 작성해 봅시다.

	English	Korean
01	automatically	
02	bookmark	
03	cafeteria	
04	diligence	
05	directly	
06	drug	
07	exchange	
08	flash	
09	fly	
10	game	
11	hire	
12	mechanical	
13	overseas	
14	parrot	
15	performance	
16	preserve	
17	primary	
18	shall	
19	victor	
20	wealth	

● MEMO

701 **babysitter**
[béibisìtər] 베이비씨럴

몧 애를 봐주는 사람, 보모, 베이비시터

a babysitter to take care of kids 애들을 돌봐주는 베이비시터
The parents may need the babysitter service.
부모님들은 베이비시터의 도움이 필요할지도 모른다.

702 **frustrate**
[frʌ́streit] 프러스트레이트

툉 좌절시키다, 실망시키다

frustrate one's fans 팬을 실망시키다
Home fans became silent and apparently frustrated.
홈 팬들은 조용해졌고 좌절하는 모습이 역력했다.

파생어 frustration 불만, 좌절감

703 **cold**
[kould] 콜드

형 추운, 차가운
몧 감기, 추위

study in a cold library 추운 도서관에서 공부하다
I got a cold while walking through the forest.
나는 숲을 거닐다가 감기에 걸렸다.

반의어 hot 더운, 뜨거운, 매운
    heat 열, 가열하다, 난방

704 **moody**
[múːdi] 무디

형 기분이 꿀꿀한, 우울한, 침울한

feel moody and down 기분이 꿀꿀하다
I get moody whenever it rains.
나는 비가 오면 우울해 진다.

파생어 mood 기분, 분위기, 감정, 무드
    moodily 변덕스럽게, 언짢게, 안달이 나서

● MEMO

705 loyal
[lɔ́iəl] 로열   형 충성스러운, 성실한

loyal to ~에 충실한

The dog is loyal to its master.
개는 주인에게 충성한다.

파생어 **loyalty** 충성, 성실, 의리
유의어 **faithful** 충실한, 신의가 두터운

706 cartoonist
[ka:rtúːnist] 칼투니스트   명 만화가,풍자 만화가

animation cartoonist 만화 영화 작가

The cartoonists give us smiles and hope.
만화가들은 우리에게 미소와 희망을 준다.

707 argument
[ɑ́ːrgjumənt] 알규먼트   명 주장, 논쟁

the arguments of both sides 양측의 주장

His argument wasn't finished yet.
그의 주장은 아직 끝나지 않았다.

파생어 **argue** 주장하다, 논쟁하다, 논의하다
유의어 **debate** 토론, 토의, 논쟁

708 continent
[kɑ́ntinənt] 칸티넌트   명 대륙

players from different continents 다양한 대륙에서 온 선수들

Africa is the most multi-lingual continent in the world!
아프리카는 세계에서 가장 다양한 언어가 사용되는 대륙입니다.

파생어 **continental** 대륙의, 유럽의

● MEMO

709 **easygoing**
[í:zigóuiŋ] 이지고잉   휑 여유 있는, 태평스러운, 느긋한

easygoing lifestyle 여유 있는 라이프스타일
Science classes should be easygoing.
과학수업은 느긋해야 한다.

710 **link**
[liŋk] 링크   몡 연관, 관계, 링크
        동 연관 짓다

set up a link 링크를 걸다
Even if we are far apart, our hearts are linked.
우리는 멀리 떨어져 있으나 마음은 연결되어 있다.

파생어 enlink 연결하다
     linkage 연결, 결합

711 **spurt**
[spə:rt] 스펄트   몡 급등
        동 쏟아져 나오다, 분출하다

a spurt in demand 수요의 급등
Water spurted from the crack.
갈라진 틈으로 물이 뿜어나왔다.

712 **compose**
[kəmpóuz] 컴포우즈   동 구성하다, 작문하다, 작곡하다

compose part of the Earth 지구의 일부를 구성하다
The club is composed of young men and women.
그 동아리는 젊은 남녀로 구성되어 있다.

파생어 composition 작곡
     composer 작곡가

● MEMO

713 **stand**
[stænd] 스탠드
[동] 서다, 참다, 세우다, ~을 참다, 견디다
stand-stood-stood

can't stand it anymore 그것을 더 이상 참을 수 없다
Stand up, please!
일어서 주세요!

파생어 standing 서 있는, 상임의
withstand 견디다, 이겨내다

714 **anxious**
[ǽŋʃəs] 앵셔스
[형] 열망하는, 걱정하는, 불안해하는

an anxious person 걱정이 많은 사람
I am anxious lest she should fail.
그녀가 실패하지 않을까 걱정이다.

파생어 anxiety 불안(감), 염려
anxiously 근심[걱정]하여, 걱정스럽게

715 **snap**
[snæp] 스냅
[명] 딱 하는 소리, 스냅
[동] 딱 하고 소리 나다, 탁 부러지다

snap short 툭 끊어지다
The wind had snapped the tree in two.
바람에 그 나무가 딱 하고 두 토막이 나 버렸던 것이다.

파생어 snappish 꽉 무는

716 **enterprise**
[éntərpràiz] 엔털프라이즈
[명] 기업, 사업, 모험심

private enterprises 민간 기업들
The fur enterprise was shut down.
모피 기업은 문을 닫았다.

파생어 enterpriser 기업가, 사업가

MEMO

717 lovely
[lʌ́vli] 러블리　　　　　　형 사랑스러운, 멋진, 아름다운

her lovely voice 그녀의 아름다운 목소리
Do you want to find a lovely wife?
사랑스런 아내를 찾고 싶어?

파생어 love 사랑하다, 좋아하다
　　　lover 애호가, 사랑하는 사람, 연인

718 tourist
[túərist] 투어리스트　　　　명 여행자, 관광객

a tourist trail 관광 코스
The tourists were able to try food.
관광객들은 음식을 맛 볼 수 있었다.

파생어 touristic (관광) 여행의, (관광) 여행자의
유의어 traveler 여행자, 관광객, 승객

719 fancy
[fǽnsi] 팬시　　　형 화려한, 고급의 명 공상, 상상
　　　　　　　동 공상하다, 상상하다

happy fancies of being famous 유명하게 되리라는 행복한 상상
Can you fancy meeting him here?
여기서 그를 만나는 것을 상상할 수 있는가?

반의어 plain 평원, 분명한, 단순한, 평범한
파생어 fanciness (지나친) 장식성

720 invitation
[ìnvitéiʃən] 인비테이션　　　명 초대, 초대장

receive an invitation 초대를 받다
I accepted the invitation.
나는 초대를 승낙했다.

파생어 invite 초대하다, 초청하다, 부르다, 권하
　　　inviting 초대하는, 유혹적인, 솔깃한

● MEMO

스스로의 힘으로 작성해 봅시다.

	English	Korean
01	anxious	
02	argument	
03	babysitter	
04	cartoonist	
05	cold	
06	compose	
07	continent	
08	easygoing	
09	enterprise	
10	fancy	
11	frustrate	
12	invitation	
13	link	
14	lovely	
15	loyal	
16	moody	
17	snap	
18	spurt	
19	stand	
20	tourist	

● MEMO

721 dread
[dred] 드레드

명 공포
동 두려워하다, 무서워하다

dread dark places 어두운 곳을 무서워하다
We dread the nurse who gives a shot.
우리는 주사 놓는 간호사를 두려워한다.

파생어 dreadful 두려워하는
유의어 fear 두려움, 공포

722 theater
[θíːətər] 씨에털

명 극장, 영화관

go into the theater 극장에 들어가다
Some theaters are staging operas.
몇몇 극장들이 오페라를 무대에 올리고 있다.

723 recent
[ríːsnt] 리슨트

형 최근의, 새로운

the recent results 최신 결과들
He stressed balance growth in a recent interview.
그는 최근 인터뷰에서 균형 성장을 강조했다.

파생어 recently 최근에
유의어 new 새로운, 최근의

724 thunder
[θʌndər] 썬덜

명 천둥, 우레, 썬더
동 굉음을 내다

didn't hear the thunder 천둥소리를 듣지 못했다
The thunder went rolling.
천둥이 쳤다.

파생어 thunderous 우레 같은
thundery 천둥이 치는

● MEMO

226

725 membership
[mémbərʃip] 멤버 쉽
명 회원 임, 회원의 자격, 멤버십

lose one's membership 회원 자격을 잃다
The club has a membership of more than 100.
그 클럽의 회원은 100명이 넘는다.

726 picture
[píktʃər] 픽쳐
명 그림, 사진, 영화

draw a picture 그림을 그리다
This is a picture of the Han River.
이것은 한강 사진이다.

파생어 **picturesque** 그림같이 아름다운, 생생한
유의어 **drawing** 그림, 도면, 스케치

727 decent
[díːsnt] 디슨트
형 예의바른, 품위 있는, 상당한

decent language 품위 있는 말
She said he was a decent sort of guy.
그녀는 그가 예의 바른 사람이라고 했다.

반의어 **indecent** 버릇없는, 점잖지 못한, 품위 없는
파생어 **decently** 점잖게, 단정하게

728 bug
[bʌg] 버그
명 벌레, 곤충, 버그, 세균, 바이러스

a flu bug 독감 바이러스
My hobby is collecting bugs.
나의 취미는 곤충 채집이다.

● MEMO

729 Egyptian
[idʒípʃən] 이집션

⑧ 이집트의
⑨ 이집트 사람(말)

an Egyptian girl 어느 이집트 소녀
The Egyptians are said to have built the Great Pyramids.
이집트인들이 대(大) 피라미드를 지었다고 한다.

730 constructive ⑧ 건설적인
[kənstrʎktiv] 컨스트럭티브

receive constructive criticism 건설적 비판을 받다
I suggest making a constructive discussion about the use of computers.
나는 컴퓨터 사용에 관한 건설적 논의를 제안한다.

파생어 construction 건설, 공사, 건축
construct 만들다, 건설하다, 세우다

731 copy
[kápi] 카피

⑨ 사본, 복사, 부, 카피, 모사
⑧ 복사하다, 모방하다

a copy from Picasso 피카소의 모사
You should make a copy of the disk as a backup.
백업이 되도록 디스크를 복사해 두어야 한다.

732 orient
[ɔ́:riənt] 오리엔트

⑨ 동쪽, 동양
⑧ 방향을 맞추다

some students from the Orient 몇몇 동양출신의 학생들
The birds oriented themselves in the direction of their home.
새들이 자신들의 집 방향으로 위치를 잡았다.

반의어 occident 서양, 구미, 서반구
파생어 orientation 지향, 경향, 방향, 오리엔테이션

● MEMO

733 **mood** [명] 기분, 분위기, 무드
[mu:d] 무드

wake up in a bad mood 언짢은 기분으로 눈을 뜨다
Exercise helps to improve your mood.
운동은 기분을 진작시키는 데 도움을 준다.

[파생어] moody 시무룩한
moodiness 변덕, 우울, 언짢음

734 **announcement** [명] 발표, 공지사항
[ənáunsmənt] 어나운스먼트

a public announcement 공식 발표
He made a surprising announcement at 9 a.m. today.
그는 오늘 오전 9시에 깜짝 발표를 했다.

[파생어] announce 발표하다, 밝히다, 알리다
announcer 아나운서, 해설자

735 **leadership** [명] 지도력, 통솔력
[lí:dərʃip] 리덜쉽

lack leadership 통솔력이 부족하다
This leadership change is nothing new.
이번 지도부 변화는 전혀 새삼스러운 일이 아니다.

[파생어] lead 이끌다, 주도권, 앞서다
leader 지도자, 대표, 리더

736 **down** [형] 아래의, 우울한 [부] 아래에, 낮은 곳으로
[daun] 다운 [명] 하강, 내려가기, 쇠퇴 [전] ~의 아래쪽으로

come down 내려오다
The stone rolled down the hill.
그 돌이 언덕 아래로 굴러 내려왔다.

[반의어] up 위, 오르다, 증가하다, 늘리다
[파생어] downward 하향의, 내려가는, 이후의

MEMO

737 **degree**
[digríː] 디그리

® 정도, 도, 학위, 등급

grant a degree 학위를 수여하다
Educational needs have been met to some degree.
교육수요가 어느 정도 충족되어 왔다.

738 **reliable**
[riláiəbl] 릴라이어블

® 믿을만한, 신뢰할 만한

a reliable friend 믿을만한 친구
This method is completely reliable.
이 방법은 전적으로 신뢰할 만하다.

파생어 rely 의존하다, 의지하다, 따르다
     reliance 신뢰, 의존, 신용

739 **beloved**
[bilʌ́vid] 비러브드

® 소중한, 가장 사랑하는

my beloved daughters 내게 소중한 딸들
Beopjeong is the nation's most beloved monk.
법정은 우리나라에서 가장 사랑받는 스님이시다.

740 **switch**
[switʃ] 스위치

® 스위치
® 바꾸다, 교환하다

switch to another channel 다른 채널로 돌리다
Will you switch off your lights?
불을 꺼 주실래요?

● MEMO

스스로의 힘으로 작성해 봅시다.

	English	Korean
01	announcement	
02	beloved	
03	bug	
04	constructive	
05	copy	
06	decent	
07	degree	
08	down	
09	dread	
10	Egyptian	
11	leadership	
12	membership	
13	mood	
14	orient	
15	picture	
16	recent	
17	reliable	
18	switch	
19	theater	
20	thunder	

MEMO

741 fax
[fæks] 팩스

명 팩스
동 팩스로 보내다

a faxed paper 팩스로 보낸 서류
You can send the message by fax.
팩스로 메시지를 보내주세요.

742 commander
[kəmǽndər] 커맨덜

명 사령관, 지휘관

a Marine base commander 한 해군기지 사령관
The commander is shaking hands with many military officials.
사령관이 많은 군관계자들과 악수하고 있다.

파생어 command 명령하다, 사령부, 지휘하다

743 gene
[dʒiːn] 진

명 유전자

a gene mutation 유전자의 돌연변이
Do our talents and personalities also come from our parents' genes?
우리의 재능과 성격도 우리 부모님의 유전자에서 오는 것일까?

744 kettle
[kétl] 케틀

명 주전자, 쇠솥

a water kettle 물 주전자
It took a long time to make a kettle.
주전자 만드는 데 한참 걸렸다.

● MEMO

745 **stranger** [명] 낯선 사람, 이방인, 모르는 사람
[stréindʒər] 스트레인절

strangers from a strange land 이국에서 온 이방인들
You have to be kind to a stranger.
낯선 사람에게는 친절히 대해야한다.

파생어 strange 이상한, 낯선, 모르는
strangely 이상하게, 기묘하게, 특이하게

746 **crush** [동] 눌러 부수다, 으깨다, 분쇄하다, 찌부러뜨리다
[krʌʃ] 크러쉬

crush grapes for wine 포도주를 만들기 위해 포도를 으깨다
His hat was crushed flat.
그의 모자가 납작하게 찌부러졌다.

파생어 crusher ~을 으깨는 기구
유의어 break 깨다, 부수다

747 **unless** [접] 만약 ~이 아니라면, ~이 아닌 경우에는
[ənlés] 언레스

unless absolutely compelled 부득이한 경우를 제외하고
Change does not begin, unless I change first.
내가 먼저 변하지 않고서는 변화가 시작되지 않는다.

748 **chief** [형] 최고의, 주요한
[tʃi:f] 취프 [명] 추장, 장(長)

a village led by a chief 추장이 이끄는 마을
She has served as chief of the office since 2017.
그녀는 2017년 이래 실장을 맡아 왔다.

파생어 chiefly 주로, 우두머리의
유의어 major 주요한, 큰, 전공의

MEMO

749 part
[pɑːrt] 팔트

® 일부, 부분
® 나누다

important part 중요한 부분
Some parts of the movie seemed to be sad.
영화의 일부분은 슬픈 것 같았다.

반의어 whole 전체, 모든, 전부
파생어 partly 부분적으로, 일부, 어느 정도는

750 cucumber
[kjúːkʌmbər] 큐컴벌

® 오이

grow cucumbers 오이를 재배하다
The girl was given a cucumber slice.
그 소녀는 얇게 썬 오이 조각을 받았다.

751 monarch
[mɑ́nərk] 마널크

® 군주, 거물, 왕

the last monarch of the Joseon dynasty 조선 왕조의 마지막 임금
We need a good-hearted monarch.
우리는 마음씨 좋은 군주가 필요하다.

파생어 monarchical 군주의, 군주제의
　　　monarchist 군주제 지지자

752 division
[divíʒən] 디비전

® 분배, 분할, 부서, 차이, 나눗셈

unequal division 불평등한 분배
There are four rookies in the sales division.
영업부 신입사원은 네 명이다.

반의어 multiplication 곱셈
파생어 divide 나누다, 분할하다, 분열시키다

● MEMO

753 **beginner** [명] 초심자, 초보자
[bigínər] 비기널

a real English beginner 정말 영어 초보자
It is difficult for a beginner to understand that book.
초보자가 그 책을 이해하기는 쉽지 않다.

[파생어] begin 시작하다, 발생하다, 착수하다, 출발하다
beginning 시작, 초, 처음, 기원, 개시

754 **religious** [형] 종교의, 종교적인, 신앙의
[rilídʒəs] 릴리져스

a religious life 종교적인 삶
She is very religious.
그녀는 신앙심이 깊은 사람이다.

[파생어] religion 종교, 신앙
[유의어] religiously 독실하게, 종교적으로

755 **envelope** [명] 봉투
[énvəlòup] 엔벌로프

an airmail envelope 항공 우편용 봉투
They received money in yellow envelopes.
그들은 노란 봉투 속에 넣은 돈을 받았다.

[파생어] envelop 감싸다, 뒤덮다

756 **triple** [형] 3중의 [명] 3배의 수, 3배의 양, 트리플
[trípl] 트리플 [동] 3배가 증가하다

win the triple crown in baseball 야구 3관왕을 달성하다
The foreign pitcher was in the Triple-A.
그 외국인 투수는 트리플A에서 뛰었다.

[파생어] triplicate 3배하다, 3통 작성하다
triply 3중[배]으로, 세 모양으로

MEMO

757 **purse**
[pəːrs] 펄스

몡 [美] (어깨끈이 없는) 핸드백, [英] 지갑, 부, 가방

a little, cute purse 작고 귀여운 핸드백

I lost my purse in a bus.
나는 버스에서 가방을 분실했다.

유의어 handbag 핸드백, 손가방
　　 wallet 지갑

758 **listening**
[lísniŋ] 리스닝

몡 청취, 경청
톙 듣는, 열중한 listen(듣다)

easy listening 듣기 편한 경음악

We took an English listening test.
우리는 영어듣기 시험을 보았다.

759 **yearn**
[jəːrn] 연

통 그리워하다, 동경하다, 갈망하다

yearn for city life 도시 생활을 동경하다

The writer yearns for spring.
그 작가는 봄을 애타게 그리워한다.

유의어 desire 욕망, 싶다, 원하다
　　 eager 싶다, 열망, 열심인

760 **quickly**
[kwíkli] 퀵클리

톙 빨리, 신속히, 급속히

stand up very quickly 아주 빨리 일어서다

She eats very quickly.
그녀는 아주 빨리 먹는다.

유의어 immediately 즉시, 바로, 곧, 직후, 당장
　　 directly 직접적으로, 곧바로, 곧장, 똑바로

● MEMO

스스로의 힘으로 작성해 봅시다.

	English	Korean
01	beginner	
02	chief	
03	commander	
04	crush	
05	cucumber	
06	division	
07	envelope	
08	fax	
09	gene	
10	kettle	
11	listening	
12	monarch	
13	part	
14	purse	
15	quickly	
16	religious	
17	stranger	
18	triple	
19	unless	
20	yearn	

● MEMO

761 standpoint
[stǽndpɔ̀int] 스탠드포인트　**명** 관점, 입장, 견지

from the historical standpoint　역사적 견지에서
From a different standpoint, she is a real winner.
　다른 관점에서 보면 그녀는 진정한 우승자이다.

762 eastern
[íːstərn] 이스턴　**형** 동쪽의, 동양의

an eastern Europe-based company　동유럽에 본사를 둔 회사
Her works include some Eastern paintings.
　그녀 작품에는 동양화가 포함돼 있다.

파생어 east　동쪽, 동, 동부
　　eastward　동쪽, 동쪽을 향하여

763 swift
[swift] 스위프트　**형** 신속한, 빠른

wind swift　바람처럼 빠른
The leader was not swift in decision-making.
　지도자는 신속하게 의사 결정을 내리지 못했다.

반의어 slow　느린, 늦추다, 천천히
파생어 swiftness　신속, 빠름

764 engage
[ingéidʒ] 인게이지　**동** 종사하다, 관여하다, 고용하다, 사로잡다

engage a servant　하인을 고용하다
He was engaged in medical researches.
　그는 의학 연구에 종사하고 있었다.

파생어 engagement　약혼, 약속
유의어 employ　쓰다, 고용하다, 일을 주다

● MEMO

765 **manual**
[mǽnjuəl] 매뉴얼

® 손의
® 설명서, 안내책자, 매뉴얼

a manual typewriter 수동 타자기

There is an education manual explaining why we study.
우리가 왜 공부하는지를 설명하는 교육 매뉴얼이 있다.

파생어 manually 손으로, 수동으로

766 **do**
[du:] 두

® 하다, 충분하다 do-did-done

do my best for the company 회사를 위해 나의 최선을 다하다

Any dream will do.
어떤 꿈도 좋아요.

파생어 doing 하기, 그것, 행동, 활동, 수행
done 구워진, 끝난, 완성된

767 **emperor**
[émpərər] 엠퍼럴

® 황제

a Roman emperor 로마 황제

Power is strongly associated with emperors.
권력과 황제는 강하게 연관되어 있다.

반의어 empress 여왕, 여제, 황후
파생어 emperorship 제위(帝位), 황제의 통치권

768 **chef**
[ʃef] 쉐프

® 요리사, 주방장

a chef par excellence 아주 솜씨 좋은 요리사

He is one of the best French chefs.
그는 프랑스 최고 요리사 중 한 사람이다.

● MEMO

769 **mentor**
[méntɔːr] 멘톨

- 몡 조언자, 스승, 멘토
- 동 조언하다

work with a mentor 좋은 스승과 함께 일하다
There is always a place for a good mentor **in anyone's life.**
누구나 삶에 훌륭한 멘토가 있기 마련이다.

유의어 **teacher** 교사, 선생, 교원, 스승
　　　 guru 구루, 도사, 전문가, 지도자

770 **jacket**
[dʒǽkit] 재킷

- 몡 상의, 재킷

a red jacket 빨간 상의
The child wears this jacket **at all times.**
그 아이는 항상 이 재킷을 입는다.

771 **professor**
[prəfésər] 프로페설

- 몡 교수

college professor 대학교수
She was made a professor **at the age of 40.**
그녀는 40세의 나이에 교수가 되었다.

파생어 **professorial** 교수의, 교수 같은

772 **tsunami**
[tsunάːmi] 쓰나미

- 몡 (지진에 의한) 해일, 쓰나미

a huge tsunami 거대한 쓰나미
The tsunami **hit the northeast of Japan.**
쓰나미가 일본의 동북부를 강타했다.

🍡 MEMO

773 everything

[évriθìŋ] 에브리씽

명 모든 것, 무엇이든지

love everything about my hometown 나의 고향의 모든 것을 사랑하다

Can you bring me everything?
내게 모든 것을 가져다 줄 수 있어요?

파생어 every 모든, 마다, 모두
everyone 모든 사람, 모두, 누구든지

774 protection

[prətékʃən] 프로텍션

명 보호, 비호, 경호

several methods of protection 몇 가지 보호 방법

Young girls especially have to learn self protection.
어린 소녀들은 특히 자기 방어하는 법을 배워야 해.

파생어 protect 보호하다, 지키다
protective 보호하는, 방어적인

775 visible

[vízibl] 비저블

형 볼 수 있는, 눈에 보이는

visible to ~에 보이는

The birds were barely visible to the naked eye.
그 새들은 육안으로 거의 보이지 않았다.

반의어 invisible 눈에 보이지 않는, 투명한
파생어 visibly 눈에 띄게, 분명히

776 already

[ɔːlrédi] 얼레디

부 이미, 벌써, 충분히

all right already 이미 알고 있어

Did you already have lunch?
벌써 점심 먹었어?

유의어 recently 최근에, 얼마전, 근래에
before 전, 이전에

● MEMO

777 nowhere
[nóuwɛər] 노웨얼

⬤ 아무 데도 ~없다

have nowhere to go 갈 곳이 없다
There is nowhere to study in my neighborhood.
이웃에 공부할 곳이라곤 없다.

778 rock
[rak] 락

⬤ 암석, 바위, 록음악
⬤ 흔들다

be rock-solid 바위처럼 단단하다
This rock music is about friendship.
이 록음악은 우정에 관한 것이다.

파생어 rocky 바위[암석]로 된, 바위[돌]투성이의

779 stomachache
[stʌ́məkèik] 스터먹에이크

⬤ 복통, 위통

complain of a stomachache 복통을 호소하다
Fever, coughing and stomachaches are signs of the flu.
열과 기침, 복통은 독감의 증상이다.

780 leg
[leg] 레그

⬤ 다리, 발, 의족

his left leg 그의 왼쪽 다리
The baby has his legs crossed.
아기가 다리를 꼬고 있다.

파생어 leggy 다리가 긴

⬤ MEMO

스스로의 힘으로 작성해 봅시다.

	English	Korean
01	already	
02	chef	
03	do	
04	eastern	
05	emperor	
06	engage	
07	everything	
08	jacket	
09	leg	
10	manual	
11	mentor	
12	nowhere	
13	professor	
14	protection	
15	rock	
16	standpoint	
17	stomachache	
18	swift	
19	tsunami	
20	visible	

🔴 MEMO

781 majority
[mədʒɔ́:riti] 매저리티

® 대부분, 대다수, 가장 많은 수, 다수의

go with the majority 다수의 뜻에 따르다
The majority of rice comes from India.
대다수의 쌀은 인도산이다.

반의어 minority 소수
파생어 major 주요한, 큰, 전공의

782 usage
[júːsidʒ] 유시지

® 용법, 사용(법)

the usage for wireless internet 무선 인터넷 사용
They set guidelines for correct English usage.
그들은 정확한 영어 용법에 관한 지침을 세웠다.

파생어 use 이용하다, 사용하다, 쓰다
      user 사용자, 쓰는 사람, 가입자

783 three
[θríː] 쓰리

® 3개의, 셋의
® 3, 셋

the three powers 삼권(三權)
She asked three questions.
그녀는 세 가지 질문을 했다.

784 mind
[maind] 마인드

® 마음, 생각, 정신
® 신경 쓰다

open their minds to us 그들이 우리에게 마음을 열다
The flick lingered in our minds well after it was over.
이 영화가 끝난 후에도 여운이 우리의 마음 속에 남아 있었다.

반의어 body 몸, 신체
파생어 remind 알려주다, 상기시키다, 생각나게 하다

● MEMO

785 series
[síəri:z] 시리즈

® 연속, 연작, 시리즈

win the World Series 월드시리즈 우승을 차지하다
He is holding a series of fashion shows.
그는 연속해서 패션쇼를 열고 있다.

파생어 **seriate** 연속시키다, 연속적으로 배열하다
serial 연속극, 연재물

786 joy
[dʒɔi] 조이

® 즐거움, 기쁨

bring you peace and joy 네게 평화와 즐거움을 안겨주다
Regular exercise can be a source of joy.
규칙적인 운동은 즐거움의 원천이 될 수 있다.

반의어 **sorrow** 슬픔, 애도, 비통
유의어 **fun** 재미있는, 즐거운

787 brave
[breiv] 브레이브

® 용감한, 늠름한, 두려움을 모르는

a brave solider 용감한 군인
A brave teenager is climbing the peak of snow.
한 용감한 십대가 눈 덮인 봉우리를 기어오르고 있다.

반의어 **cowardly** 비겁한, 겁쟁이같이, 비열한
파생어 **bravery** 용기, 용감, 용맹

788 convenient
[kənví:njənt] 컨비니언트

® 편리한, 간편한, 알맞은

be convenient for use 사용하기에 편리하다
The reason is the rise of cheap, convenient videotapes.
이유는 값싸고 편리한 비디오테이프의 등장이다.

반의어 **inconvenient** 불편한
파생어 **convenience** 편의, 편리, 편한, 편익

● MEMO

789 electric
[iléktrik] 일렉트릭

형 전기의, 흥분시키는

the use of electric power 전력의 사용
Included in this event will be electric cars.
이번 행사에 전기자동차가 포함될 것이다.

파생어 electricity 전기, 전기학, 전력
electrical 전기의, 전자의

790 gift
[gift] 기프트

명 선물, 재능
동 부여하다

a Christmas gift 크리스마스 선물
Some of my classmates got nice gifts from boys.
우리 반 친구들 중 몇몇은 남자 아이들로부터 멋진 선물을 받았어.

유의어 present 선물하다, 현재의

791 apt
[æpt] 앱트

형 ~하기 쉬운, ~하는 경향이 있는, 적합한, 적절한

an apt quotation 적절한 인용
You are apt to ask a million questions.
너는 수많은 질문을 하는 경향이 있다.

파생어 aptitude 적성, 소질
유의어 likely 가능성 있는, 할 것 같은

792 literal
[lítərəl] 리터럴

형 글자대로의, 문자의

the literal meaning of a word 말의 문자 그대로의 의미
Idioms make no literal sense.
관용구는 글자그대로의 의미가 없다.

반의어 figurative 비유적인, 수식 문구가 많은
파생어 literally 글자 그대로

● MEMO

793 relax
[riláeks] 릴랙스

동 편안해지다, 풀게 하다, 늦추다, 힘을 빼다

relax one's grip 꼭 쥔 손의 힘을 늦추다

The warm bath always relaxs me.
따뜻한 물로 목욕하면 언제나 긴장이 풀린다.

파생어 relaxed 편안한, 완화된, 느긋한
relaxing 편안한, 완화하는

794 cabbage
[kǽbidʒ] 캐비지

명 양배추, 캐비지

trim cabbage 배추를 다듬다

A cabbage weighs about 1.5 kg.
양배추의 무게는 1.5kg 정도 나간다.

795 folk
[fouk] 포크

명 민속, 사람들, 여러분

a folk museum 민속 박물관

It's famous as a center of culture and folk traditions.
이곳은 문화와 민속 전통의 중심지로 유명하다.

796 chain
[tʃein] 체인

명 사슬, 체인
동 사슬로 묶다

open a chain store 체인점을 내다

Dogs are kept on a chain.
개는 사슬에 매여 있다.

파생어 enchain 사슬로 매다, 속박하다

● MEMO

797 encouragement 명 격려, 장려
[inkə́:ridʒmənt] 인커리지먼트

a few words of encouragement 몇 마디 격려의 말
With a little encouragement **from his parents he should do well.**
부모님께서 좀 격려해 주시면 그는 잘 할 겁니다.

반의어 discouragement 낙담, 단념, 의기소침
파생어 encourage 격려하다, 장려하다, 권하다

798 step 명 발걸음, 조치, 단계,
[step] 스텝 동 밟다

step **on her toes** 그녀의 발가락을 밟다
This is the first step **to making your dream come true.**
이것이 너의 꿈을 이루는 첫 단계다.

799 contract 명 계약, 계약서
[kɑ́ntrækt] 칸트랙트 동 계약하다

draw up a contract 계약서를 작성하다
They were sued for breach of contract.
그들은 계약 위반으로 고소당했다.

파생어 contractor 계약인, 계약자

800 moss 명 이끼
[mɔːs] 모스

moss**-covered walls** 이끼가 뒤덮인 담
A rolling stone gathers no moss
구르는 돌에는 이끼가 끼지 않는다.

파생어 mossy 이끼로 뒤덮인, 이끼가 낀

● MEMO

스스로의 힘으로 작성해 봅시다.

	English	Korean
01	apt	
02	brave	
03	cabbage	
04	chain	
05	contract	
06	convenient	
07	electric	
08	encouragement	
09	folk	
10	gift	
11	joy	
12	literal	
13	majority	
14	mind	
15	moss	
16	relax	
17	series	
18	step	
19	three	
20	usage	

● MEMO

801 **copper**
[kápər] 카펄

® 구리, 동, 동전

a pipe made of copper 동 파이프
Copper dropped as much as 2.1%.
구리가격이 2.1%나 떨어졌다.

파생어 copperish 구리 비슷한, 동질(銅質)의
    coppery 구리 같은, 구릿빛의

802 **clinical**
[klínikəl] 클리니컬

® 임상의, 병상의, 병실용의

a patient's clinical diary 환자의 병상 일지
They use rats for clinical testing.
그들은 임상 실험에 쥐를 이용한다. .

파생어 clinically 임상적으로

803 **spider**
[spáidər] 스파이덜

® 거미

saw a spider 거미를 보았다
A big spider is sleeping on my right arm.
큰 거미가 내 오른팔위에서 자고 있다.

파생어 spidery 거미 다리 같은, 가늘고 기다란

804 **height**
[hait] 하이트

® 높음, 높이, 고도, 키, 정점

the heights of success 성공의 정점
The height of the shower can be controlled.
샤워기의 높이를 조절할 수 있다.

파생어 heighten 강화하다, 높이다, 고조시키다

● MEMO

805 **bookcase**
[búkkèis] 북케이스

® 책장, 책꽂이

the living room bookcase 거실 책장
I take the books off the bookcase.
나는 책꽂이에서 책을 꺼낸다.

806 **pointed**
[pɔ́intid] 포인티드

® (끝이) 뾰족한, 예리한

a pointed nose 뾰족한 코
Kingfishers have long, pointed bills.
물총새는 부리가 길고 뾰족하다.

파생어 point 점, 지적하다, 포인트
pointless 무딘, 끝이 없는, 뾰족하지 않은

807 **envy**
[énvi] 엔비

® 부러움, 시기, 선망
⑧ 부러워하다

be an object of envy to a person 남의 선망의 대상이다
I simply envy an idea person in the workplace.
나는 직장에서 아이디어맨을 부러워 할 따름이다.

파생어 enviable 부러운, 선망의 대상이 되는
envious 부러워하는, 선망하는

808 **firm**
[fə:rm] 펌

® 확실한
® 회사

a firm place 확실한 장소
He established his own brokerage firm.
그는 자신의 중개회사를 설립했습니다.

파생어 firmly 확고하게, 강하게

● MEMO

809 stormy
[stɔ́:rmi] 스터미   형 사나운 날씨의, 폭풍의, 폭풍우의

the stormy sea   사나운 바다
The fishing boat is in the stormy sea.
고기잡이배가 폭풍우 치는 바다에 있다.

반의어 **calm** 차분한, 진정시키다, 침착한
파생어 **storm** 폭풍, 호우, 허리케인, 스톰

810 freight
[freit] 프레잇   명 화물, 수송, 운임

the freight costs   화물 운송료
A freight headed for Busan.
화물선이 부산으로 향했다.

파생어 **freightage** 화물 운송

811 murder
[mə́:rdər] 얼덜   명 살인, 살해
                동 죽이다, 살해하다

commit murder   살인을 저지르다
I think it is another murder.
그것은 또 다른 살인이라고 생각한다.

파생어 **murderer** 살인자, 살해자
      murderous 사람이라도 죽일 듯한, 잔인한

812 fort
[fɔ:rt] 폴트   명 요새(要塞), 성채, 보루

found a fort   보루를 구축하다
The fort was built before World War I.
그 요새는 제1차 세계 대전 전에 세워졌다.

유의어 **castle** 성, 궁궐, 저택
     tower 타워, 탑

● MEMO

813 accompany
[əkʌ́mpəni] 어컴퍼니
동 동행하다, 동반하다

accompany to ~까지 동반하다.
His son accompanied him on the trip.
그 여행에는 그의 아들과 그와 동행했다.

파생어 accompaniment 반주, 부속물

814 lung
[lʌŋ] 렁
명 폐, 허파

measure lung capacity 폐활량을 측정하다
The right lung of a human is larger than the left one.
인간의 오른쪽 폐는 왼쪽 폐보다 크다.

815 technical
[téknikəl] 테크니컬
형 기술의, 기술적인

technical problems 기술적 문제들
The company made changes to its technical support.
회사가 기술지원 방식에 변화를 가했다.

파생어 technology 기술, 테크놀러지
technique 기법, 기술, 테크닉

816 difficulty
[dífikʌ̀lti] 디피컬티
명 어려움, 곤란, 곤경

a technical difficulty 기술적인 어려움
I don't know a lot about difficulties she has experienced.
그녀가 겪은 어려움을 저는 잘 몰라요.

파생어 difficult 어려운, 힘든, 쉽지 않다

● MEMO

817 decision
[disíʒən] 디씨전 · 몡 결정, 결심

an important decision 중대한 결정

The decision is up to them.
  결정은 그들에게 달렸다.

파생어 decide 결정하다, 하기로 하다, 판결하다
  decisive 결정적인, 단호한

818 seek
[si:k] 씩 · 통 찾다, 구하다 seek-sought-sought

seek one's fortune 성공의 길을 찾다

She is seeking for you.
  그녀가 당신을 찾고 있다.

파생어 seeker ~을 (추)구하는 사람

819 smelly
[sméli] 스멜리 · 휑 냄새가 나는, 악취가 나는

smelly feet 냄새나는 발

This cake is neat, but a little smelly.
  이 케이크는 깔끔하나 약간 냄새가 난다.

파생어 smell 냄새, 냄새를 맡다

820 somewhere
[sʌ́mwɛ̀ər] 섬웨얼 · 뿐 어딘가에 몡 어떤 장소

go somewhere 어디로 가다

She went somewhere else.
  그녀는 어딘가 딴 곳으로 갔다.

● MEMO

스스로의 힘으로 작성해 봅시다.

	English	Korean
01	accompany	
02	bookcase	
03	clinical	
04	copper	
05	decision	
06	difficulty	
07	envy	
08	firm	
09	fort	
10	freight	
11	height	
12	lung	
13	murder	
14	pointed	
15	seek	
16	smelly	
17	somewhere	
18	spider	
19	stormy	
20	technical	

MEMO

821 **spotless** [형] 티끌 하나 없는 , 아주 깨끗한, 오점이 없는, 완벽한
[spátlis] 스팟리스

a spotless classroom 아주 깨끗한 교실
Her locker room was spotless.
그녀의 사물함은 티끌 하나 없이 깨끗했다.

파생어 spot 장소, 발견하다
유의어 clean 깨끗한, 청소하다

822 **snowboard** [명] 스노우보드
[snóubɔ̀:rd] 스노우볼드 [동] 스노우보드를 타다

snowboard down the slope 스노우보드를 타고 슬로프를 내려오다
I took part in a snowboard contest.
나는 스노우보드대회에 참가했다.

파생어 snowboarding 스노보드 타기

823 **throat** [명] 목구멍
[θrout] 쓰롯트

take a look at your throat 네 목구멍을 보다
I got a headache and a sore throat.
나는 두통이 나고 목구멍이 부었다.

파생어 throaty 목이 쉰 듯한

824 **meat** [명] 고기, 육류
[mi:t] 미트

a piece of meat 고기 한 조각
Being a vegetarian means that you do not eat meat.
채식주의자가 된다는 것은 고기를 먹지 않는다는 것이다.

파생어 meaty 고기가 많이 든
meatless 고기가 없는

MEMO

825 **position** [명] 위치, 입장, 자세
[pəzíʃən] 포지션

sit in a comfortable position 편안한 자세로 앉다
The strikers were in position.
공격수들이 위치에 있었다.

파생어 positional 위치와 관련된, 위치상의
유의어 location 위치 선정

826 **anybody** [대] 누구든지, 아무도, 누군가
[énibὰdi] 애니바디

anybody including middle-school students 중학생을 포함한 누구든지
Is anybody home?
집에 누구 계세요?

827 **dictionary** [명] 사전, 딕셔너리
[díkʃənèri] 딕셔너리

an electronic dictionary 전자 사전
I looked up the word "premium" in the dictionary.
나는 'premium'이라는 단어를 사전에서 찾았다.

828 **wash** [동] 씻다, 세탁하다
[waʃ] 와쉬

wash oneself with soap 비누로 몸을 씻다
Doctors say that it is important to wash your hands often.
손을 자주 씻는 것이 중요하다고 의사들은 말합니다.

파생어 washing 세탁, 씻기
washer 세탁기, 세척기, 닦는 사람

MEMO

829 **witness**
[wítnis] 위트니스

명 목격자, 증인
동 목격하다, 증언하다

a witness to the accident 그 사건의 목격자

Your creativity can be influenced by what you witness.
여러분의 창의력은 목격한 것에서 영향을 받을 수 있다.

유의어 watch 보다, 관람하다, 지켜보다, 감시하다
　　　viewer 시청자, 관객, 관찰

830 **faint**
[feint] 페인트

형 희미한, 약한, 어렴풋한
동 기절하다

a faint light 희미한 빛

His breathing became faint.
그의 호흡이 약해졌다.

파생어 fainter (빛·소리·냄새 등이) 희미한
　　　faintish 기절할 것 같은, 아찔한

831 **mirror**
[mírə] 미럴

명 거울, 귀감
동 비추다, 거울로 삼다, 귀감으로 삼다

use a mirror 거울을 사용하다

Your kids will mirror your behavior.
자녀들은 당신의 행동을 귀감으로 삼을 것입니다.

832 **salary**
[sǽləri] 쌜러리

명 봉급, 월급, 급여

draw one's salary 봉급을 타다

He saved all his salary.
그는 급여를 모두 저축했다.

파생어 salaries 무급의
유의어 wage 임금, 노임, 품삯

● MEMO

258

833 ceiling
[síːliŋ] 씰링

⑱ 천장, 최고 한도, 최고치

a ceiling price 최고 가격

There is a big chandelier on the ceiling.
천장에 대형 샹들리에가 걸려 있다.

반의어 floor 바닥, 층, 마루
파생어 ceilinged 천장이 있는

834 invest
[invést] 인베스트

⑧ 투자하다, 쏟다

invest $1 million in the project 그 프로젝트에 1백만 달러를 투자하다

The government should invest a lot of money in education.
정부는 교육에 많은 예산을 투자해야 한다.

파생어 investment 투자, 출자
     investor 투자자

835 partnership
[páːrtnərʃip] 파트널쉽

⑱ 협력, 동반자 관계, 제휴

a partnership of five years 5년간 제휴관계

The two sides agreed to build a partnership.
양측은 제휴하기로 했다.

파생어 partner 파트너, 협력자
유의어 cooperation 협력, 협조

836 doorway
[dɔ́ːrwèi] 도얼웨이

⑱ 문간, 출입구, 문호, 길

the doorway to freedom 자유에 이르는 길

The baby is waving her hand in the doorway.
그 아기가 문간에서 손을 흔들고 있다.

유의어 entrance 현관, 입구, 들어가기

● MEMO

837 rotation
[routéiʃən] 로테이션

명 순환, 자전, 로테이션

the Earth's rotation 지구의 자전
Based on rotation system, our work schedule is automatically run.
로테이션 시스템에 따라 우리의 작업 스케줄이 자동으로 움직인다.

파생어 rotate 회전하다, 돌다
유의어 spin 회전, 돌다

838 peak
[pi:k] 픽

명 산꼭대기, 봉우리, 절정, 최고조
동 정점에 도달하다

the snow-covered peaks 눈 덮인 봉우리들
The summer festival peaked on Friday.
여름 축제가 금요일에 최고조에 달했다.

파생어 peaky 아픈, 병든, 창백한
유의어 culminate 최고점에 달하다, 최고조에 달하다

839 jeep
[dʒi:p] 지프

명 지프, 지프차

jump into a jeep 지프에 올라타다
A tall lady poses next to a jeep.
한 키 큰 여인이 지프차 옆에서 포즈를 취하고 있다.

840 sight
[sait] 사이트

명 시야, 시력, 구경거리, 겨냥

lose one's sight 실명하다
He has very good sight.
그는 시력이 아주 좋다.

파생어 insight 통찰력, 보여줌, 이해
sighting 목격, 발견, 관찰함

● MEMO

스스로의 힘으로 작성해 봅시다.

	English	Korean
01	anybody	
02	ceiling	
03	dictionary	
04	doorway	
05	faint	
06	invest	
07	jeep	
08	meat	
09	mirror	
10	partnership	
11	peak	
12	position	
13	rotation	
14	salary	
15	sight	
16	snowboard	
17	spotless	
18	throat	
19	wash	
20	witness	

MEMO

841 maximum
[mǽksiməm] 맥시멈

명 최대(값), 최고

with a maximum speed 최고 속도로
I want you to take maximum advantage of this vacation.
나는 네가 이번 방학을 최대한 이용하길 바란다.

반의어 minimum 최소, 최저
파생어 maximize 우극대화하다

842 wound
[wuːnd] 운드

명 부상, (큰) 상처
동 ~에게 상처를 입히다

rub salt into the wounds 상처에 소금을 뿌리다, 불난 집에 부채질 하다
A ship captain was wounded.
배의 선장이 부상을 입었다.

파생어 wounding 마음을 상하게 하는
유의어 hurt 다치다, 해치다, 상처

843 moth
[mɔːθ] 모쓰

명 나방

catch live moths with their hands 그들의 손으로 살아있는 나방을 잡다
The moth lays large numbers of eggs.
나방은 많은 수의 알을 낳는다.

844 bottle
[bάtl] 바틀

명 병

break a bottle 병을 깨다
From water bottles to furniture, plastic is all around us.
물병에서 가구에 이르기까지, 플라스틱은 우리 주변에 모든 곳에 있다.

● MEMO

845 **lip**
[lip] 립

[명] 입술

lip synch 따라하다, 립싱크하다
He gently kisses my puppy on the lips.
그는 내 강아지의 입술에 대고 살며시 입을 맞춘다.

846 **gap**
[gæp] 갭

[명] 틈, 간격, 격차, 차이, 갭

the generation gap 세대 차이
Their gap keeps getting wider.
그들 간의 격차가 점점 더 벌어지고 있다.

파생어 gapless 끊어진 데가 없는, 갈라진 틈이 없는
gappy 틈 투성이의

847 **counter**
[káuntər] 카운털

[명] 계산대, 판매대, 카운터, 조리대
[동] 반대하다

have lunch at the counter 카운터에서 가벼운 점심을 먹다
The clerk went to the counter.
그 점원은 카운터로 갔다.

848 **square**
[skwεər] 스퀘얼

[명] 정사각형, 광장, 평방, 제곱

describe a square 정사각형을 그리다
The park covers an area of 2,000 square kilometers.
그 공원은 2천 평방킬로미터에 걸쳐 있다.

반의어 round 회, 라운드, 둥근
파생어 squareness 네모짐, 방형(方形), 직각도

MEMO

849 undergo
[ʌ̀ndərgóu] 언덜고우

동 겪다, 견디다, 받다

undergo-underwent-undergone

undergo final testing 최종 테스트를 받다

He became more mature after undergoing much trouble.
그는 많은 고초를 겪은 후 더 의젓해졌다.

파생어 undergoer (특히 변화·안 좋은 일 등을) 겪다
유의어 experience 경험하다, 체험하다

850 entrance
[éntrəns] 엔트런스

명 들어감, 입구, 입학

the temple entrance fee 사찰 입장료

Please come to entrance 2 of the theater now.
지금 극장 2번 입구로 오세요.

반의어 exit 출구, 나가다
파생어 enter 들어가다, 입장하다

851 educate
[éd3ukèit] 에듀케이트

동 교육하다, 가르치다, 기르다, 양성하다

educate the eye in painting 그림을 보는 안목을 기르다

Even the dog can be educated.
개도 교육을 받을 수 있다.

파생어 education 교육, 훈련, 교양
　　　educational 교육의

852 crime
[kraim] 크라임

명 범죄, 죄, 죄악

the reasons of crime 범죄의 이유들

Crime has dropped by 5% since 2008.
2008년 이래 범죄율이 5% 떨어졌다.

파생어 criminal 범죄의, 형사상의
유의어 sin 죄, 죄를 짓다

● MEMO

853 officially
[əfíʃəli] 오피셜리

🖣 공식으로, 정식으로

officially **invite him to the party** 그를 공식적으로 파티에 초대하다
They officially **announced the change of their school name.**
그들은 교명의 변경을 공식 발표했다.

파생어 **official** 관계자, 관리, 공식의
office 사무소, 회사, 직무

854 considerate
[kənsídərit] 컨시더릿

🖣 사려 깊은, 매우 친절한, 동정심 많은

more considerate **than me** 나보다 더 사려 깊은
My husband is considerate **of animals.**
나의 남편은 동물에 동정심이 많다.

파생어 **consider** 고려하다, 여기다, 생각한다
consideration 고려, 배려, 생각

855 beer
[biər] 비얼

🖣 맥주

a large beer **store** 대형 맥주 점포
A beer **truck slowed down around the corner.**
맥주 트럭이 모퉁이 주변에서 속도를 줄였다.

파생어 **beery** 맥주 냄새가 나는, 맥주에 취한

856 motivate
[móutəvèit] 모티베이트

🖣 동기를 부여하다, 자극하다

aims to motivate 동기 부여를 목표로 하다
Kids were motivated **to climb mountains.**
아이들은 등산에 대한 동기를 부여 받았다.

파생어 **motivation** 동기 부여, 욕구, 자극
motive 동기, 의도, 목적

● MEMO

857 **greatness**
[gréitnis] 그레이트니스 · 명 위대함, 거대함, 중요

the greatness of love 사랑의 위대함
You have yet to discover your greatness and talents.
너는 자신의 위대함과 재능을 아직 발견하지 못했다.

파생어 great 위대한, 큰, 훌륭한
greatly 크게, 현저히, 엄청나게

858 **perfectly**
[pə́:rfiktli] 펄펙틀리 · 부 완전히, 완벽하게, 정확히

understood perfectly 완전히 이해했다
This poem perfectly shows the beauty of nature.
이 시는 자연의 아름다움을 완벽하게 보여준다.

파생어 perfect 완벽한, 완전한, 최적의
perfection 완벽, 완성

859 **pastime**
[pǽstàim] 패스타임 · 명 오락, 취미, 기분전환

America's national pastime 미국인들의 국민오락
Sleeping all day is a bad pastime.
하루 종일 자는 것은 좋지 못한 취미활동이다.

유의어 hobby 취미
recreation 레크리에이션, 휴양, 오락

860 **customer**
[kʌ́stəmər] 커스터멀 · 명 손님, 고객

angry customers 화가 난 손님들
The customers are filling out a survey.
고객들이 설문을 작성하고 있다.

파생어 custom 세관, 관습, 풍습
customary 관습상의, 관례적인

● MEMO

스스로의 힘으로 작성해 봅시다.

	English	Korean
01	beer	
02	bottle	
03	considerate	
04	counter	
05	crime	
06	customer	
07	educate	
08	entrance	
09	gap	
10	greatness	
11	lip	
12	maximum	
13	moth	
14	motivate	
15	officially	
16	pastime	
17	perfectly	
18	square	
19	undergo	
20	wound	

MEMO

861 chapter
[tʃǽptər] 챕털

® 단원, 장, 챕터

the first few chapters 첫 몇 단원
He got me to read chapter 2.
그는 내게 제2장을 읽게 했다.

862 broaden
[brɔ́ːdn] 브러든

⑧ 넓히다, 확장하다, 펼쳐지다

broaden one's view 시야를 넓히다
How can I broaden my knowledge of English?
어떻게 하면 내 영어지식을 넓힐 수 있을까?

파생어 breadth 폭, 너비
        broad (폭이) 넓은

863 lightning
[láitniŋ] 라이트닝

® 번개, 벼락, 전율

expect heavy rain with lightning 번개와 함께 폭우가 올 것으로 보인다
A 10-year-old boy was struck by lightning.
10살짜리 소년이 번개를 맞았다.

864 additional
[ədíʃənəl] 어디셔널

® 추가의, 가외의

additional expense 추가 비용
She ordered additional apples.
그녀는 사과를 추가로 주문했다.

파생어 addition 추가, 덧셈, 등재
        add 덧붙이다, 더하다, 추가하다

● MEMO

865 **mysterious**
[mistíəriəs] 미스티어리어스 — 웹 신비한, 불가사의한

the mysterious origins of the universe 신비스런 우주의 기원
This accessory is made from mysterious gold.
이 액세서리는 신비의 금으로 만들었다.

파생어 **mystery** 수수께끼, 미스터리
mysteriously 신비롭게, 이상하게, 모호하게

866 **intonation**
[ìntounéiʃən] 인토네이션 — 웹 억양, 어조, 인토네이션

speak with varied intonation 억양을 살려 이야기하다
I'm practicing British intonation.
나는 영국 억양을 연습 중에 있다.

파생어 **intone** (감정을 섞지 않고 낮고 진지한 어조로) 말하다, 읊조리다

867 **impressive**
[imprésiv] 임프레시브 — 웹 인상적인, 깊은 감명을 주는

the most impressive country 가장 인상적인 나라
Gondolas in Venice were so impressive for them.
베니스의 곤돌라는 그들에게 아주 인상적이었다.

파생어 **impress** 인상, 감명을 주다, 감동시키다
impression 인상, 생각, 흉내

868 **court**
[kɔːrt] 콜트 — 웹 안마당, 코트, 법정, 법원

tennis court 테니스 코트
He appealed to the nation's top court.
그는 국가 최고 법원에 호소했다.

파생어 **courtly** 공손한

🍎 MEMO

869 creativity
[krì:eitíviti] 크리에이티비티

명 창의력, 창조성, 창의성

lack creativity 창의력이 부족하다
What we need is creativity.
우리가 필요한 것은 창의성이다.

파생어 **create** 만들다, 만들어 내다, 창조하다
creative 창의적인, 창조적인, 창작적인

870 roommate
[rú:mmèit] 룸메이트

명 한 방 친구, 룸메이트

a rough relationship with my roommate 내 룸 메이트와의 까칠한 관계
Is her roommate **kind to him?**
그녀의 룸메이트가 그에게 친절하니?

871 form
[fɔ:rm] 폼

명 형태, 서식, 양식, 종류, 유형
동 세우다, 형성하다

assume various forms 다양한 형태를 취하다
You need to send this form **as quickly as possible.**
가능한 한 빨리 이 양식을 보낼 필요가 있다.

반의어 **content** 콘텐츠, 내용, 함유량
파생어 **reform** 개혁, 개선, 개편

872 breakable
[bréikəbl] 브레이커블

형 부술 수 있는, 깨지기 쉬운

an old fishbowl which is easily breakable 쉽게 깨질 수 있는 낡은 어항
The eggs are easily breakable.
달걀은 잘 깨진다.

🔴 MEMO

270

873 ability
[əbíliti] 어빌리티   몡 능력, 재능, 수완

one's natural abilities 타고난 재능
He is so sure about his teaching ability.
그는 자신의 가르치는 능력에 자신만만해 한다.

반의어 inability 할 수 없음, 무능력, 불가능
파생어 able ~할 수 있는, 유능한

874 maid
[meid] 메이드   몡 하녀, 가정부, 아가씨

ring for the maid 벨을 울려 하녀를 부르다
You aren't your son's maid.
너는 네 아들의 하녀가 아니다.

파생어 maiden 처녀, 아가씨
유의어 housemaid 가정부

875 innocent
[ínəsnt] 이너센트   혱 순진한, 죄가 없는, 결백한, 무고한

an innocent young child 순진한 어린아이
Hundreds of innocent people got hurt.
수백 명의 무고한 사람들이 다쳤다.

반의어 guilty 유죄의, 죄책감, 죄의
파생어 innocent 죄 없는, 순수한, 선량한

876 pick
[pik] 픽   동 고르다, 선택하다, 따다

pick somebody up ~를 (차에) 태우러 가다
Pick a number from one to thirty.
1에서 30까지의 수 중에서 하나를 선택하라.

파생어 picky 까다로운, 별스러운
유의어 select 고르다, 선택하다, 선발하다

● MEMO

877 journalist
[dʒə́:rnəlist] 저널리스트

명 언론인, 기자, 저널리스트

a freelance journalist 프리랜서 기자

The journalist put a false color upon the matter.
그 기자가 사실을 왜곡했다.

파생어 journal 정기 간행물, 저널
journalism 언론계, 저널리즘, 신문 잡지

878 concerned
[kənsə́:rnd] 컨선드

형 걱정스러운, 염려하고 있는, 관계하는

a concerned glance 염려스러운 눈길

Her parents are not concerned about her test scores.
그녀의 부모님은 그녀의 시험점수에 대해 걱정하지 않는다.

파생어 concern 우려, 관한, 걱정
unconcerned 관계하지 않는, 개의치 않는

879 raise
[reiz] 레이즈

동 높이다, 올리다, 오르다, 인상, 제기하다

raise questions 문제를 제기하다

He raised a hand in greeting.
그가 손을 들어올리며 인사했다.

반의어 lower 하부의, 낮추다, 내리다
파생어 raiser 올리는 사람[기구], 일으키는 사람

880 bearded
[bíərdid] 비얼디드

형 수염 난, 턱수염을 기른

a bearded man 턱수염이 난 남자

Jim was escorted by two bearded body guards.
수염이 난 경호원 두 명이 짐을 호위했다.

파생어 beard 턱수염

● MEMO

스스로의 힘으로 작성해 봅시다.

	English	Korean
01	ability	
02	additional	
03	bearded	
04	breakable	
05	broaden	
06	chapter	
07	concerned	
08	court	
09	creativity	
10	form	
11	impressive	
12	innocent	
13	intonation	
14	journalist	
15	lightning	
16	maid	
17	mysterious	
18	pick	
19	raise	
20	roommate	

● MEMO

881 **organize** [동] 조직하다, 정리하다, 구성하다
[ɔ́:rgənàiz] 올거나이즈

the time to organize a swimming club 수영 동아리를 조직할 때
Why not organize furniture and books?
가구와 책을 정리해 두는 것이 어때요?

[파생어] organization 조직, 단체, 기구
reorganize 재편성하다, 재건하다

882 **turkey** [명] 칠면조
[tə́:rki] 털키

turkeys used for tests 실험용 칠면조들
A big turkey was served.
큰 칠면조 한 마리가 제공되었다.

883 **revive** [동] 되살리다, 소생하다, 회복하다
[riváiv] 리바이브

revive a tradition 전통을 되살리다
The paramedics couldn't revive her.
응급 의료 요원들이 그녀를 소생시킬 수가 없었다.

[파생어] revival 소생, 부흥, 회복
[유의어] return 돌아오다, 복귀하다

884 **numb** [형] 마비된, 곱은
[동] 감각을 잃게 하다
[nʌm] 넘

go numb 마비가 되다
When I finally got home, all of my toes were numb.
마침내 집에 도착했을 때, 발가락이 전부 무감각해져 있었어.

[파생어] numbness (추위·충격 따위로) (일시) 감각을 잃음, 마비됨, 저림
numbly 곱아서

MEMO

885 **dynamic** [형] 동적인, 역동적인, 다이나믹
[dainǽmik] 다이내믹

a dynamic force 동력(動力)
Forests around us are dynamic.
우리 주변의 숲은 역동적이다.

반의어 static 정적인, 정전기, 정지된
파생어 dynamically 다이내믹하게, 활동적으로, 정력적으로

886 **bulletin** [명] 게시, 고시, 속보
[búlitn] 블루틴

the official bulletin board 공식 게시판
It was a bulletin about the class schedule.
그것은 수업 시간표에 관한 게시였다.

887 **trophy** [명] 우승 기념품, 우승컵, 트로피
[tróufi] 트로피

give a trophy 트로피를 수여하다
The trophy found in the basement looks strange.
지하실에서 발견된 트로피는 이상해 보인다.

888 **select** [동] 고르다, 선택하다, 뽑다, 선출하다
[silékt] 실렉트

select the food 음식을 고르다
She was selected MVP last year.
그녀는 지난해 최우수선수로 뽑혔다.

파생어 selection 선택, 선발, 선집
selective 선택할 수 있는, 선별적인, 선택적인

MEMO

889 globe
[gloub] 글로브
® 지구, 구, 천체, 세계

to the four corners of the globe 세계의 구석구석까지
There was much snow across the globe.
전 세계적으로 눈이 많이 왔다.

파생어 global 세계적인, 글로벌, 지구의, 전체적인
globally 세계적으로

890 daylight
[déilàit] 데이라이트
® 일광, 낮

the daylight hours 일광 시간
The street looks very different in daylight.
거리가 대낮에 보니 아주 달라 보인다.

파생어 day 날, 하루, 낮
daily 매일의, 일상적인

891 superpower
[sú:pərpàuər] 슈퍼파월
® 막강한 힘, 초강대국

Korea as an 'IT superpower' 'IT 초강대국'으로서의 한국
Japan is an economic superpower.
일본은 경제대국이다.

파생어 power 전력의, 힘, 권력
powerful 강력한, 파워풀한, 힘있는

892 neighbor
[néibər] 네이벌
® 이웃사람

a good neighbor 좋은 이웃
Neighbors weren't in the mood for dancing.
이웃 사람들은 춤출 기분이 아니었다.

● MEMO

276

893 **kit**
[kit] 킷

몡 도구 한 벌, 한 세트, 키트

a model airplane kit 모형 비행기 세트
The model car is in kit form.
모형 자동차는 조립용품 세트로 되어있다.

유의어 **equipment** 장비, 기기, 설비

894 **diet**
[dáiət] 다이어트

몡 식사, 식이 요법, 다이어트
동 식이 요법을 하다

go on a strict diet 엄격한 다이어트를 하다
He will go on a diet to maintain a healthy weight.
그는 적정 체중을 유지 하기 위해서 다이어트를 시작 할 것이다.

파생어 **dieter** 다이어트를 하는 중인 사람
　　　dietetic 식이(성)의, 영양(학)의

895 **wedding**
[wédiŋ] 웨딩

몡 결혼식, 웨딩

have a little party for the wedding 조촐한 결혼식 피로연을 열다
He stopped by the library on his way to the wedding.
그는 결혼식 가는 도중에 도서관에 잠시 들렀다.

896 **swan**
[swan] 스완

몡 백조, 고니
동 (남의 부러움을 살 정도로 유유자적) 놀러 다니다

Many swans return to the lake. 많은 백조들이 호수로 되돌아온다.
We would swan it when we were not busy.
안 바쁠 때면 우리는 한가로이 거닐곤 했었다.

● MEMO

897 stream
[stri:m] 스트림   몡 시내, 개울, 흐름, 줄기

a steady stream of traffic 끊임없이 이어지는 교통의 흐름
A stream of blood flowed from the wound
상처에서 피가 한 줄기 흘러내렸다.

파생어 streaming 흐름
     streamy 시내처럼 흐르는

898 assistant
[əsístənt] 어시스턴트   몡 조수, 보조자

serve as assistant to ~의 조수 노릇을 하다
We came to talk with the assistant manager.
우리는 부지배인과 이야기를 하게 되었다.

파생어 assistance 지원, 원조, 도움, 보조
     assist 돕다, 보조, 지원하다

899 experimental
[ikspèriméntl] 익스페리멘탈   혱 실험의, 실험적인

an experimental spirit 실험 정신
Many experimental works were on display.
많은 실험 작품들이 선보였다.

파생어 experiment 실험, 시험, 시도
     experimentally 실험적으로, 실험에 기초하여

900 childhood
[tʃáildhùd] 차일드후드   몡 어린 시절, 유년기

her favorite childhood book 그녀가 제일 좋아하는 어린 시절의 책
Ben spent his childhood in San Francisco.
Ben은 유년기를 샌프란시스코에서 보냈다.

파생어 child 아이, 아동, 어린이
     children 아이들, 어린이, 아동

● MEMO

스스로의 힘으로 작성해 봅시다.

	English	Korean
01	assistant	
02	bulletin	
03	childhood	
04	daylight	
05	diet	
06	dynamic	
07	experimental	
08	globe	
09	kit	
10	neighbor	
11	numb	
12	organize	
13	revive	
14	select	
15	stream	
16	superpower	
17	swan	
18	trophy	
19	turkey	
20	wedding	

● MEMO

901 imprison
[imprízn] 임프리즌   🅑 교도소에 넣다, 수감하다, 투옥하다

imprison innocent citizens   무고한 시민들을 교도소에 가두다
The leader was imprisoned three times.
그 지도자는 세 차례 투옥되었다.

파생어 prison 감옥, 교도소, 수감
      prisoner 포로, 죄수, 수감자

902 paradise
[pǽrədàis] 패러다이스   🅜 천국, 낙원, 파라다이스

a paradise for children   아이들의 낙원
I found the paradise on an island.
나는 한 섬에서 천국을 발견했다.

파생어 paradisiacal 천국[낙원]의[같은]

903 inspire
[inspáiər] 인스파이얼   🅜 영감을 주다, 고무하다, 고취시키다

inspire a person   영감을 주다
Her speech has inspired me a lot.
그녀의 연설은 내게 많은 영감을 주었다.

파생어 inspiration 영감, 자극, 원천

904 comprise
[kəmpráiz] 컴프라이즈   🅑 포함하다, 차지하다, 구성되다

comprise a large percentage of   ~의 대부분을 포함하다
The U.S. comprises 50 states.
미합중국은 50개 주로 구성되어 있다.

파생어 comprisal 포함, 함유
유의어 include 포함하다, 함유하다

● MEMO

905 **engineer**
[èndʒiníər] 엔지니얼

® 공학자, 기술자, 엔지니어

excellent engineers from Russia 러시아 출신의 훌륭한 기술자
It started from an engineer's mistake.
그것은 엔지니어의 실수로부터 시작되었다.

906 **batter**
[bǽtər] 배털

® (야구) 타자, 반죽
⑧ 강타하다, 두드리다

a heavy batter 강타자
She battered at the door with her fists.
그녀는 주먹으로 문을 연방 두드렸다.

유의어 hit 치다, 히트를 치다, 타격
     beat 치다, 두드리다, 때리다

907 **letter**
[létər] 레럴

® 편지, 글자

a hate letter 항의 편지
If you can, please send me a letter on a pretty leaf!
만약 할 수 있다면, 예쁜 나뭇잎에 편지를 써서 제게 보내주세요!

파생어 literal 문자 그대로의
     literate 글을 읽고 쓸 줄 아는

908 **resemble**
[rizémbl] 리젬블

⑧ 닮다, 유사하다

resemble in many points 여러 면에서 닮다
Which parent do you resemble most?
부모 중 누구와 가장 닮았나요?

파생어 resemblance 닮음, 비슷함, 유사함

● MEMO

909 tool
[tu:l] 툴

뗑 도구, 연장

a tool box 연장통
You can do it with this magical tool.
이 마술 도구를 가지고 너는 그것을 할 수 있다.

유의어 instrument 악기, 도구, 기구

910 onion
[ʌ́njən] 오니언

뗑 양파

the hamburger full of onions 양파가 가득 든 햄버거
There is too much onion in the soup.
이 수프에는 양파가 너무 많이 들어 있다.

파생어 oniony 양파 같은, 양파 맛[냄새]이 나는

911 lately
[léitli] 레잇틀리

뛤 최근에, 요즈음

until comparatively lately 비교적 최근까지
I know how busy you have been lately.
나는 최근에 네가 얼마나 바빴는지 알고 있다.

유의어 recently 요즈음, 근래에
　　　 latterly 요즈음에, 근래에

912 ouch
[autʃ] 아우치

뙊 아야(갑자기 아파서 내지르는 소리)

ouch wagon 구급차
Ouch! My arm really hurts.
아야! 나의 팔이 정말 아프다.

● MEMO

913 explore
[iksplɔ́:r] 익스프로얼

동 탐험하다, 탐구하다, 개척하다

explore another life 제2의 인생을 개척하다
Explore nature, and check out the insects.
자연을 탐험하고, 곤충들을 조사해 보자.

파생어 exploration 탐사, 탐험, 개발
explorer 탐험가

914 debate
[dibéit] 디베이트

명 토론, 논쟁, 토의

debate with ~와 토론하다
There is a running debate about what study is.
공부가 무엇인지에 대해 토론이 진행되고 있다.

파생어 debating 토론, 논의, 논쟁
debatable 논의의 여지가 있는

915 case
[keis] 케이스

명 경우, 사례, 사건, 케이스

case in point 대표적 사례
Let's take a close look at the success cases.
성공한 케이스들을 잘 살펴보자.

유의어 event 사건, 일어난 일
example 보기, 예, 실례, 용례

916 liberal
[líbərəl] 리버럴

형 자유로운, 너그러운, 관대한, 아끼지 않는

a liberal giver 아낌없이 주는 사람
My English teacher is more liberal than yours.
나의 영어 선생님은 네 영어선생님보다 너그럽다.

파생어 liberation 해방, 광복, 독립
liberate 해방하다, 자유롭게 하다

● MEMO

917 **sickness**
[síknis] 씨크니스   몡 병, 아픔, 질병, 메스꺼움

the pain of sickness   질병의 고통

She's been off work because of sickness.
그녀는 아파서 일을 하지 못하고 있다.

파생어 sick 아픈, 병든, 환자의
     sickly 병약한, 병적으로

918 **tongue**
[tʌŋ] 텅   몡 혀, 언어

the girl's mother tongue   그 소녀의 모국어

It was on the tip of my tongue.
말이 내 혀끝에서만 뱅뱅 돌고 생각이 안 났다.

파생어 tongueless 혀가 없는, 말을 안 하는, 벙어리의

919 **scenery**
[síːnəri] 씨너리   몡 경치, 풍경

a lovely scenery   아름다운 경치

Our teacher wants to see the changing scenery **of the island.**
우리 선생님은 그 섬의 변화하는 경치를 보고 싶어 하신다.

유의어 landscape 풍경, 경치

920 **tragedy**
[trǽdʒidi] 트레지디   몡 비극, 참사

tragedy **of war**   전쟁의 비극

Tragedy **struck them in 2010.**
2010년에 비극이 그들에게 닥쳤다.

반의어 comedy 코미디, 희극
파생어 tragic 비극적인

● MEMO

스스로의 힘으로 작성해 봅시다.

	English	Korean
01	batter	
02	case	
03	comprise	
04	debate	
05	engineer	
06	explore	
07	imprison	
08	inspire	
09	lately	
10	letter	
11	liberal	
12	onion	
13	ouch	
14	paradise	
15	resemble	
16	scenery	
17	sickness	
18	tongue	
19	tool	
20	tragedy	

● MEMO

921 digest
[didʒést] 다이제스트
® 요약
⑧ 소화하다, 잘 이해하다, 견디다

a digest of more than 100 ideas 아이디어 100여 가지의 요약
This meat is easy to digest.
이 고기는 소화가 잘 된다.

파생어 digestion 소화, 소화력
    digestive 소화의

922 sour
[sauər] 사우얼
® 신, 시큼한, 불쾌한

turn a little sour 다소 시큼해 지다
He has eaten sour grapes.
그는 신 포도를 먹었다.

반의어 sweet 달콤한, 맛좋은
파생어 sourish 조금 신, 시큼한

923 flow
[flou] 플로우
® 흐름, 유동
⑧ 흐르다, 거침없이 나오다

the flow of history 역사의 흐름
A stream flows into the lake.
시냇물이 호수로 흘러 들어간다.

파생어 flowage 유동(流動), 범람

924 harmonious
[ha:rmóuniəs] 할모니어스
® 조화로운, 평화로운, 화합한

in a harmonious way 조화롭게
Jane wishes to live a harmonious life.
제인은 조화로운 삶을 살고자 한다.

파생어 harmony 조화, 일치, 화합

● MEMO

925 sleepy
[slí:pi] 슬리피 · 웹 졸린, 졸린 듯한, 잠이 오는

a sleepy child 졸린 아이
I got a little bit sleepy.
나는 다소 졸렸다.

파생어 sleep 자다, 재우다, 잠
       sleeping 자는, 잠, 수면

926 address
[ǽdres] 애드레스
· 웹 연설, 주소, 인사말
· 똉 연설하다, 처리하다, 호칭하다

deliver an address 연설을 하다
I don't know his personal e-mail address.
나는 그의 개인 이메일 주소를 모른다.

파생어 addressor 발신인, 화자
       addresser 발신인, 화자

927 lounge
[laundʒ] 라운지 · 웹 라운지, 휴게실, 로비, 대합실

lounge chair 안락 의자
The seminar begins at the employee lounge.
세미나는 직원 휴게실에서 시작된다.

유의어 rest 나머지, 휴식, 쉬다

928 ordinary
[ɔ́ːrdinèri] 올디네리 · 웹 평범한, 일반적인, 보통의

the ordinary man 평범한 사람
She doesn't like an ordinary boyfriend.
그녀는 평범한 남자친구를 좋아하지 않는다.

반의어 special 특별한, 특수한, 스페셜
파생어 ordinarily 정상적으로, 보통 때는, 대개는

🖊 MEMO

929 **shame**
[ʃeim] 쉐임

® 부끄러움, 수치심, 치욕
⑧ 망신을 주다

her shamed past 그녀의 수치스러운 과거

He began to live without shame.
그는 부끄러움 없이 살기 시작했다.

파생어 ashamed 부끄러워, 창피한, 수치스러운
　　　shameful 부끄러운, 수치스러운, 창피한

930 **resort**
[rizɔ́ːrt] 리졸트

® 유원지, 휴양지, 리조트
⑧ 호소하다, 의존하다

a holiday resort 휴일의 유원지

When you visit ski resorts, be prepared for the cold weather.
스키 리조트를 방문할 때, 추운 날씨에 대비하세요.

931 **blackboard**
[blǽkbɔ̀ːrd] 블랙볼드

® 칠판, 흑판

the pictures drawn on the blackboard 칠판에 그려진 그림들

A big blackboard and a digital piano are ready.
큰 칠판과 디지털 피아노가 준비되어 있다.

932 **honor**
[ánər] 어널

® 명예, 존경, 영광
⑧ 명예를 주다, 존경하다

bring honor to ~에 명예를 가져오다

I'm honored to be here.
여기 참석하게 되어 영광입니다.

반의어 dishonor 불명예, 치욕
유의어 respect 존중, 존경하다

● MEMO

933 solar
[sóulər] 쏠럴 웡 태양의, 태양 에너지

a solar clock 해시계
A solar power plant will be built by 2020.
태양력 발전소가 2020년까지 건설될 예정이다.

파생어 solarize 태양 광선에 쬐다, 감광시키다
　　solarist 태양 중심론자

934 college
[kɑ́lidʒ] 칼리지 웡 대학, 연구소, 칼리지

after you graduate from college 네가 대학을 졸업한 후
Why are you interested in that college?
왜 그 대학에 관심이 있지?

파생어 collegiate 대학(생)의

935 explain
[ikspléin] 익스플레인 웡 설명하다, 알려주다

explain in minute detail 자세히 설명하다
I explained the schedule to her.
나의 스케줄을 그녀에게 설명했다.

파생어 explanation 설명, 해명, 해석
　　explanatory 설명을 위한, 설명적인

936 counsel
[káunsl] 카운슬 웡 상담, 변호인
　　　　　　　 웡 상담하다

give counsel to 상담에 응하다
Will counsel be in attendance?
변호인도 필요한 거야?

파생어 counselor 상담원, 카운슬러
유의어 advise 충고하다, 조언하다

● MEMO

937 impression
[impréʃən] 임프레션   명 인상, 감명

leave an impression on the public   대중에게 인상을 남기다

The Korean educator has a bad impression of her neighbors.
그 한국 교육자는 이웃들에게 좋지 않은 인상을 받았다.

파생어 impress   인상, 감명을 주다, 감동시키다
      impressive   인상적인, 놀라운

938 belt
[belt] 벨트   명 혁대, 벨트

the leather belts   가죽 벨트들

Do you wear your seat belt while driving?
운전시 안전벨트를 착용하세요?

파생어 belted   띠를 두른, 줄무늬가 있는
      beltless   벨트가 없는

939 soul
[soul] 쏘울   명 영혼, 정신, 마음, 소울

the immortality of the soul   영혼의 불멸

She sold his soul for money.
그녀는 돈에 영혼을 팔았다.

반의어 body   몸, 신체, 단체
파생어 soulful   감정이 풍부한, 혼이 담긴

940 pearl
[pəːrl] 펄   명 진주

go diving for pearls   진주를 찾아 다이빙하다

Wear this pearl ring everywhere you go.
어디서나 이 진주 반지를 착용해라.

파생어 pearly   진주로 된, 진주 같은

● MEMO

스스로의 힘으로 작성해 봅시다.

	English	Korean
01	address	
02	belt	
03	blackboard	
04	college	
05	counsel	
06	digest	
07	explain	
08	flow	
09	harmonious	
10	honor	
11	impression	
12	lounge	
13	ordinary	
14	pearl	
15	resort	
16	shame	
17	sleepy	
18	solar	
19	soul	
20	sour	

● MEMO

941 momentary
[móuməntèri] 모멘터리 　◉형 순간의, 찰나의

a momentary loss of direction 순각적인 방향감각의 상실
There was a momentary silence.
순간적인 침묵이 흘렀다.

파생어 moment 순간, 지금, 때
　　　 momentous 중요한, 중대한, 비상한

942 hatred
[héitrid] 헤이트리드 　◉명 증오, 혐오, 미움, 증오

her understandable hatred 그녀의 이해가 가는 증오
My uncle couldn't speak with hatred.
삼촌은 증오심이 생겨 말을 할 수가 없었다.

반의어 love 사랑, 애정, 호의
파생어 hate 몹시 싫어하다

943 censor
[sénsər] 센설 　◉명 검열, 검열관
　　　　　　　◉동 검열하다

an unconscious censor 무의식적 검열
Their letters are strictly censored.
그들의 서한은 엄격히 검열 받는다.

파생어 censorable 검열에 걸릴 만한
　　　 censorial 검열(관)의, 검열관에 어울리는

944 asleep
[əslí:p] 어슬립 　◉형 잠들어, 잠든

find them all asleep 그들 모두가 자고 있음을 발견하다
Is your baby still asleep?
아기가 아직도 자고 있니?

반의어 awake 깨다, 잠에서 깨다
파생어 sleep 자다, 재우다, 잠

● MEMO

945 **pan**
[pæn] 팬

[명] 냄비, (오븐용) 접시, 프라이팬

a heated pan 달궈진 냄비
Why not carry a frying pan?
프라이팬을 갖고 가면 안 되니?

946 **ambition**
[æmbíʃən] 엠비션

[명] 야망, 야심, 꿈, 포부

her ambition to modernize Korea 한국을 근대화하려는 그녀의 야망
It had been her lifelong ambition.
그것은 그녀가 평생 품고 있던 야망이었다.

파생어 ambitious 야심 있는

947 **fall**
[fɔːl] 펄

[명] 떨어짐, 가을
[동] 떨어지다, 하락하다, 넘어지다 fall-fell-fallen

fall overboard 배에서 떨어지다
I fell down on the way to school.
나는 등교 길에 넘어졌어요.

948 **book**
[buk] 북

[명] 책, 도서, 서적
[동] 예약하다

the book of the hour 요즘 인기 있는 책
The room has already been booked.
방은 이미 예약이 돼 있습니다.

MEMO

949 trio
[tríːou] 트리오

명 삼중창, 셋으로 된 짝, 트리오

a trio of our class 우리 반의 트리오
The trio beat her hard.
삼총사는 그녀를 세게 때렸다.

950 option
[ápʃən] 옵션

명 선택, 옵션

the first option 맨 처음으로 선택할 권리
He has more options than her.
그는 그녀보다 더 많은 옵션이 있다.

파생어 opt 선택하다, 고르다, 채택하다
　　　 optional 임의의, 선택의

951 asset
[ǽset] 에셋

명 자산, 귀중한 것, 강점

invaluable asset 매우 귀중한 자산
Smiling is a huge asset to her.
미소는 그녀의 큰 자산이다.

반의어 liability 의무, 책임, 부채

952 peel
[piːl] 필

명 껍질
동 껍질을 벗기다

a banana peel 바나나 껍질
I cleaned my desk with orange peels.
오렌지 껍질로 나의 책상을 깨끗이 했다.

● MEMO

953 racket
[rǽkit] 랙킷 　　　　명 라켓

hit the ball with a racket 라켓으로 볼을 치다
A friend raises his racket, hitting the ball.
한 친구가 라켓을 들고 공을 친다.

954 combat
[kámbæt] 캄뱃 　　　　명 전투
　　　　동 [kəmbǽt] 싸우다, 전투하다

combat one's despair 절망과 싸우다
There are things to help combat loneliness.
외로움과 싸우는데 도움을 주는 것들이 있다.

파생어 combatant 전투원, 전투 부대
　　　 combative 전투적인, 금방이라도 싸울 듯한

955 without
[wiðáut] 위드아웃 　　　　전 ~없이, ~이 없다면

go without saying 말할 필요도 없다
We can't live without love.
우리는 사랑이 없으면 살 수 없다.

반의어 with 함께, ~때문에

956 evident
[évidənt] 에비던트 　　　　형 분명한, 명백한, 자명한

an evident mistake 명백한 실수
It is evident that we study English more.
우리가 영어 공부를 더해야 하는 것은 자명하다.

파생어 evidence 증거, 근거, 흔적
　　　 evidently 분명히, 명백하게

● MEMO

957 luckily
[lʌ́kili] 러클리

(부) 다행히, 운 좋게

luckily **or unluckily** 행인지 불행인지
Luckily this time I have passed the test.
다행히도 이번에 나는 시험에 합격했다.

파생어 luck 운, 행운, 행복
　　lucky 운이 좋은, 행운의

958 Christian
[krístʃən] 크리스쳔

(형) 그리스도의, 기독교의
(명) 기독교도

Christian **leaders** 기독교 지도자들
She often plays Christian **music.**
그녀는 가끔 기독교 음악을 연주한다.

959 skillful
[skílful] 스킬풀

(형) 숙련된, 능숙한

become skillful 능숙해지다
Choi is defending against a skillful **striker.**
최는 능숙한 공격수를 방어하고 있다.

파생어 skill 기술, 실력
　　skilled 숙련된, 능숙한

960 bathroom
[bǽθrùːm] 베쓰룸

(명) 욕실, 화장실, 목욕탕

a slippery bathroom 미끄러운 욕실
Go to the bathroom **before going to bed.**
자기 전에 화장실을 갔다 와라.

● MEMO

스스로의 힘으로 작성해 봅시다.

	English	Korean
01	ambition	
02	asleep	
03	asset	
04	bathroom	
05	book	
06	censor	
07	Christian	
08	combat	
09	evident	
10	fall	
11	hatred	
12	luckily	
13	momentary	
14	option	
15	pan	
16	peel	
17	racket	
18	skillful	
19	trio	
20	without	

● MEMO

961 theme
[θi:m] 씸

명 주제, 논제, 테마

the country's biggest theme park 이 나라 최대의 테마 공원
Her theme was a familiar one.
그녀는 친숙한 주제를 다뤘다.

파생어 thematic 주제의, 어간의
유의어 subject 주제, 당면 과제

962 invite
[inváit] 인바이트

동 초대하다, 초청하다

invite friends to a party 친구들을 파티에 초대하다
She was thoughtful to invite her classmates.
그녀는 자신의 급우들을 초대할 정도로 생각이 깊었다.

파생어 invitation 초대, 초청, 참석
inviting 초대하는, 유혹적인

963 misunderstand
[mìsʌndərstǽnd] 미스언덜스땐드

동 오해하다, 잘못 해석하다
misunderstand-misunderstood-misunderstood

misunderstand her intention 그녀의 의도를 오해하다
They do not misunderstand what is right and wrong.
그들은 무엇이 옳고 그른지 오해하지 않는다.

반의어 understand 이해하다, 알다, 깨닫다
파생어 understanding 이해, 지식, 합의, 공감

964 senior
[síːnjər] 시니얼

형 선배의, 고위의, 최고학년의
명 선배, 고위, 상급생

school senior 학교 선배
She is a senior in middle school.
그녀는 중학교 3학년이다.

반의어 junior 주니어, 2학년인, 1학년인

● MEMO

965 **away**
[əwéi] 어웨이

(부) 떨어져서, 사라져, 멀리

fade away 사라지다
The park is not far away.
공원은 여기서 멀지 않다.

반의어 **home** 집, 가정의

966 **heel**
[hi:l] 힐

(명) 뒤꿈치, 힐

a heel kick 힐 킥(발뒤꿈치로 공을 차는 킥)
She doesn't often wear heels.
그녀는 힐을 자주 안 신는다.

967 **worm**
[wə:rm] 웜

(명) 벌레

birds looking for worms 벌레를 찾는 새들
The early bird catches the worm.
일찍 일어나는 새가 벌레를 잡는다.

파생어 **wormer** (동물용) 구충제
　　　wormy 벌레가 들어 있는

968 **wipe**
[waip] 와이프

(동) 지우다, 닦다

wipe the coffee cup 커피잔을 닦다
Some even wiped away tears with handkerchiefs.
어떤 사람들은 심지어 손수건으로 눈물을 닦기도 했다.

🟢 MEMO

969 sunset
[sʌ́nsèt] 썬셋

몡 해질녘, 일몰, 노을

watch the sunset 저녁 노을을 바라보다

Every evening at sunset the flag was lowered.
매일 저녁 해질녘에 그 깃발은 내려졌다.

반의어 sunrise 일출, 해돋이

970 green
[gri:n] 그린

몡 녹색의, 초록색의 **몡** 녹색, 초록색

the mix of red and green 빨강과 초록의 혼합

This green crystal has been created by hand.
이 초록 수정은 수제품이다.

파생어 greeny 녹색을 띤
greenly 초록빛으로

971 yawn
[jɔ:n] 연

몡 하품
동 하품하다

yawned four times at the meeting 회의에서 네 차례 하품했다

That video makes me yawn.
그 비디오를 보니 하품이 난다.

파생어 yawny 하품 나는
yawning 하품을 하는, 지루해하는

972 hit
[hit] 힛

몡 부딪치기, 안타, 히트, 성공
동 때리다, 맞히다, (어떤 장소에) 닿다

a big hit 대성공

She hit me on the head.
그녀가 내 머리를 때렸다.

유의어 strike 치다, 때리다

● MEMO

973 salty
[sɔ́ːlti] 쏠티

⟨형⟩ 소금기 있는, 짠

avoid salty foods 짠 음식을 피하다
Sales of salty popcorn was important in the theater.
극장에서 짭짤한 팝콘의 매출은 중요했다.

파생어 saltiness 소금기가 있음, 재치
     saltily 소금이 든, 짠, 짭짤한

974 comment
[kάment] 카멘트

⟨명⟩ 논평, 코멘트
⟨동⟩ 논평하다

975 porter
[pɔ́ːrtər] 폴터

⟨명⟩ 짐꾼, 운반인, 포터

pay a porter 포터에게 돈을 지불하다
Without the porter, he could not reach the rock.
포터의 도움이 없었다면 그는 바위에 도달 할 수 없었다.

976 eager
[íːgər] 이걸

⟨형⟩ 갈망하는, 열렬한, 열심인

eager for success 성공을 갈망하는
He is eager in her studies
그는 공부에 열심이다.

파생어 eagerness 열의, 열심, 열망
     eagerly 열망하여, 열심히, 간절히

● MEMO

977 parade
[pəréid] 퍼레이드

® 행진, 행렬, 퍼레이드

the Easter parade 부활절의 퍼레이드
I saw the girl in the parade.
나는 퍼레이드에서 그 소녀를 보았다.

파생어 parader 행진자

978 gently
[dʒéntli] 젠틀리

® 부드럽게, 친절하게, 온화하게

talk gently to kids 아이들에게 부드럽게 말하다
You shouldn't treat them too gently.
너는 그들을 너무 부드럽게 대해서는 안 된다.

파생어 gentle 부드러운, 온순한, 친절한
gentleness 온화함, 관대함

979 lay
[lei] 레이

® 눕히다, 놓다, 낳다, 제기하다

lay the golden eggs 황금 알을 낳다
He laid down his weapon.
그는 무기를 내려놓았다.

980 coupon
[kú:pan] 쿠판

® 쿠폰, 할인권, 경품 교환권

the 10% discount coupon 10% 할인권
I used a free meal coupon.
나는 무료 급식 쿠폰을 사용했다.

● MEMO

302

스스로의 힘으로 작성해 봅시다.

	English	Korean
01	away	
02	comment	
03	coupon	
04	eager	
05	gently	
06	green	
07	heel	
08	hit	
09	invite	
10	lay	
11	misunderstand	
12	parade	
13	porter	
14	salty	
15	senior	
16	sunset	
17	theme	
18	wipe	
19	worm	
20	yawn	

● MEMO

981 shade

[ʃeid] 쉐이드

명 그늘, 명암, 차양

in the shade of a big tree 큰 나무 그늘에서
We would often get together under the shade of trees.
우리는 나무 그늘 아래에 가끔 모이곤 했다.

반의어 **light** 빛, 밝게하다, 조명
파생어 **shadow** 그림자, 그늘, 미행

982 physically

[fízikəli] 피지컬리

부 신체적으로, 육체적으로, 물리적으로

physically fit 체력이 튼튼한
They are strong physically.
그들은 육체적으로 강하다.

반의어 **mentally** 정신적으로, 지적으로, 마음으로
파생어 **physical** 신체의, 육체의

983 timeless

[táimlis] 타임리스

형 영원한, 시간을 초월한

her timeless beauty 세월이 흘러도 변함없는 그녀의 미모
She will read timeless classic novels.
그녀는 시대를 초월한 고전 소설들을 읽을 것이다.

파생어 **time** 시간, 때, 시기
   timing 시기, 타이밍, 시간

984 mermaid

[mə́:rmèid] 멀메이드

명 (이야기 속에 나오는 여자 모습의) 인어, 수영을 잘 하는 여자

a soaring mermaid in mid-air 공중 다이빙을 하고 있는 여자수영선수
She insists she was a mermaid.
그녀는 자신이 인어였다고 주장한다.

● MEMO

304

985 lock
[lak] 락

명 자물쇠
동 잠그다, 고정시키다

on locking the door 문을 잠그자마자
I could not find a lock on the door.
나는 문의 자물쇠를 찾을 수 없었다.

파생어 lockable 열쇠로 잠글 수 있는, 자물쇠가 달린
  locked 짜맞춘, 끼워넣게 된

986 award
[əwɔ́:rd] 어월드

명 상
동 수여하다, 주다

academy award 아카데미상
The judges awarded equal points to both finalists
심판들이 두 명의 결승 진출자에게 동점 판정을 내렸다.

파생어 awarder 수여자
  awardable 수여할 수 있는

987 general
[dʒénərəl] 제너럴

형 일반적인, 전반적인, 보통의
명 장군, 대장

general customs 일반 풍속들
Commercials are for the promotion of products in general.
상업광고는 일반적으로 제품 홍보를 위한 것이다.

반의어 special 특별한, 특수한, 스페셜
파생어 generally 일반적으로, 대개, 보통

988 chorus
[kɔ́:rəs] 커러스

명 합창(단), 후렴

the Seoul Metropolitan Chorus 서울시립합창단
We sing "Our Wish" in chorus.
우리는 '우리의 소원'을 합창한다.

● MEMO

989 sprint
[sprint] 스프린트

명 단거리 경주, 스프린트, 전력 질주
동 역주하다, 전속력으로 달리다

the cross-country sprint race 크로스컨트리 단거리 경주
Bolt is sprinting to prove the world's fastest man.
볼트가 세계에서 가장 빠른 자임을 입증하기 위해 전력 질주하고 있다.

파생어 sprinter 단거리 주자, 스프린터

990 glove
[glʌv] 글러브

명 장갑, 글러브

began wearing gloves 장갑을 끼기 시작했다
She put used rubber gloves in a bucket.
그녀는 사용한 고무장갑을 양동이에 넣었다.

파생어 gloved 장갑을 낀

991 psychology
[saikɑ́lədʒi] 사이칼러지

명 심리(학)

the psychology of children 아동 심리
Are you talking about Korean psychology?
한국인의 심리에 대해 말씀하고 계십니까?

파생어 psychological 심리학의, 정신의
psychologist 심리학자, 정신과 의사

992 delay
[diléi] 딜레이

명 지연, 지체
동 지연시키다, 연기하다, 지체하다

delay a party 파티를 연기하다
It is just an excuse for delaying the project.
그것은 프로젝트를 지연시키는 하나의 꼼수에 불과하다.

● MEMO

993 plug
[plʌg] 플러그

명 마개, 플러그
동 마개를 하다, 플러그를 꽂다

pull the plug after using the water 물을 사용한 후 마개를 빼다
The computer is not plugged into a wall.
컴퓨터가 벽에 플러그로 연결되지 않았다.

파생어 pluggable 접촉할 수 있는, 막을 수 있는
  plugger 충전기, 착실히 공부하는 학생

994 twice
[twais] 트와이스

부 두 번, 두 배로, 다시

once or twice 한두 번
Children should eat fresh fruit twice a day to stay healthy.
건강하게 지내기 위해서 어린이들은 하루에 두 번 신선한 과일을 먹어야 합니다.

995 market
[mɑ́:rkit] 말켓

명 시장, 상가

the stock market 주식 시장
It was released in English for the U.S. market.
이 곡은 영어로 미국 시장에서도 발표가 되었다.

파생어 marketing 마케팅, 홍보, 영업

996 character
[kǽriktər] 캐릭털

명 성격, 등장인물, 캐릭터, 특징

a cartoon character 만화 영화 캐릭터
I have never tried this character before.
나는 이런 캐릭터를 전에 해 본적이 없다.

파생어 characterize 특징이 되다
  characterful 독특한, 개성 있는

● MEMO

997 **dramatic** [형] 극적인, 극의, 연극의
[drəmǽtik] 드러매틱

in a dramatic way 극적인 방식으로
The writer does not use any dramatic expression.
작가는 어떠한 극적인 표현도 사용하지 않는다.

파생어 drama 드라마, 연극, 희곡
dramatist 극작가, 각본 작가

998 **acceleration** [명] 가속, 가속도, 변속
[æksèləréiʃən] 액셀러레이션

the acceleration of gravity 중력 가속도
We expect an acceleration in the economic recovery.
우리는 경제 회복에 가속도가 붙기를 기대한다.

반의어 deceleration 감속, 감속도
파생어 accelerate 가속화하다

999 **hairdresser** [명] 이발사, 미용사, 헤어디자이너
[hɛ́ərdrèsər] 헤어드레서

a gent's hairdresser 남성의 머리를 손질하는 헤어 디자이너
The hairdresser is dyeing my hair yellow.
미용사가 내 머리를 노랗게 물들이고 있다.

파생어 hairdressing 이발](업), 미용(업)
유의어 barber 이발사

1000 **dishonest** [형] 부정직한, 불성실한
[disɑ́nist] 디스아니스트

do a dishonest thing 부정한 일을 하다
Dishonest players exist.
부정직한 선수는 존재한다.

파생어 honest 솔직한, 정직한, 정당한, 성실한
유의어 honestly 솔직하게, 정말, 정직하게

MEMO

스스로의 힘으로 작성해 봅시다.

	English	Korean
01	acceleration	
02	award	
03	character	
04	chorus	
05	delay	
06	dishonest	
07	dramatic	
08	general	
09	glove	
10	hairdresser	
11	lock	
12	market	
13	mermaid	
14	physically	
15	plug	
16	psychology	
17	shade	
18	sprint	
19	timeless	
20	twice	

● MEMO

INDEX